Heckner, Guter Service – ein besseres Geschäft

Ulrich C. Heckner

GUTER SERVICE
EIN BESSERES GESCHÄFT

Mit Service mehr Gewinn im Elektro-Fachbetrieb

Mit 55 Abbildungen
und 28 Tabellen

Pflaum Verlag München

Die Deutsche Bibliothek – CIP-Einheitsaufnahme

Heckner, Ulrich. C. :
Guter Service – ein besseres Geschäft: Mit Service mehr Gewinn im Elektro-Fachbetrieb/
Ulrich C. Heckner. – München: Pflaum, 1997
ISBN 3-7905-0759-8

Zeichnungen: Oliver Vilzmann.
Einige Zeichnungen wurden dem Fachbuch „Marketing im Elektroinstallateur-Handwerk" entnommen – ein Projekt, das vom Bayerischen Wirtschaftsministe-rium gefördert wurde. Das Fachbuch mit der ISBN-Nr. 3-925397-93-0 ist er-schienen beim Institut für Handwerkswirtschaft im DHI, München.

ISBN 3-7905-0759-8

Druck und buchbinderische Verarbeitung: Pustet, Regensburg

Inhalt

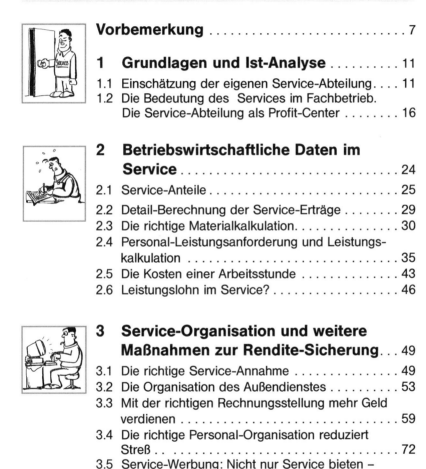

MARKETING FÜR SERVICE
FINDET NICHT AM GRÜNEN
TISCH STATT, SONDERN
AUG' IN AUG' MIT DEM
KUNDEN, WENN DU IHM
ALS MENSCH
GEGENÜBERSTEHST.

Vorbemerkung

Der Autor Ulrich C. Heckner arbeitet mit seinem Team seit über 10 Jahren als Betriebsberater für Elektro-Fachbetriebe. Mehr als 500 individuelle Betriebsberatungen und über 300 Seminartage für Elektro-, Handels- und Handwerksbetriebe werden von den beiden Betriebs-Standorten Kastl/Obb. und Bernau/Brannenburg durchgeführt. Die Erfahrungen des 8köpfigen Beraterteams sind die Basis, auf der dieses Buch entstanden ist.

Während im Handel und in der Installation der Preiswettkampf tobt, ist im Service noch Kreativität möglich. In vielen Service-Seminaren und ERFA-Tagungen (Erfahrungsaustausch) haben wir Ideen von Fachbetrieben aufgenommen und hier niedergelegt. Bei all denen, die uns dabei unterstützt haben, möchten wir uns ganz herzlich bedanken. Stellvertretend für die ERFA-Kollegen sind dies: Hubert R. aus Z., Walter K. aus P., und Simon (Simmerl) W. aus F. Diese Betriebsinhaber von Elektrobetrieben wollen vor lauter Bescheidenheit nicht mit vollem Namen genannte werden. Sie haben mitgeholfen, die Themen „auf den Punkt" zu bringen. Die meisten hier enthaltenen Ideen können schon morgen umgesetzt werden.

Die Aussage „Mit gutem Service ein besseres Geschäft" zielt in zweierlei Richtungen:

- Ein guter, d. h. erfolgreicher Fachbetrieb der Elektrobranche kann ohne Service-Abteilung am Markt langfristig nicht bestehen. Service muß selbstverständlich sein. Der Kunde wird in Zukunft noch stärker auf die Service-Qualität achten. Nur wer einen perfekten Service bietet, wird sich behaupten können.

● Darüber hinaus muß der Betrieb seine Service-Abteilung zum „Profit-Center" machen und damit die Erträge erwirtschaften, die in anderen Bereichen nicht mehr möglich sind. Ein gewinnbringender Service ist damit eine der Säulen der Zukunftssicherung für das Elektrohandwerk.

Wie der Fachbetrieb seinen Service optimieren kann, zeigt dieses Buch in leicht verständlicher Form. Die Autoren des Handbuches „Marketing im Elektrohandwerk" (Bezugsquelle: Institut für Handwerkswirtschaft, München, Telefon.: 0 89 - 59 36 71) haben auch beim vorliegenden Thema, stellvertretend für die Unternehmer der Branche, den Betriebsinhaber „Egon Strom" ins Zentrum dieses Service-Fachbuches gestellt.

Egon Stroms Firma „Elektro Strom" verkörpert einen typischen Elektrohandwerksbetrieb in Deutschland: Das Familienunternehmen erzielt einen Jahresumsatz von etwa 2,0 Mio DM, beschäftigt 15 Mitarbeiter und befindet sich in einer Kleinstadt mit ca. 15.000 Einwohnern. Der Betrieb verfügt über ein Ladengeschäft mit Brauner und Weißer Ware, über eine Elektro-Installationsabteilung sowie eine Service-Abteilung.

In diesem Buch wird die komplette Palette der Serviceleistungen behandelt, d. h. Reparaturen der Braunen und Weißen Ware, sowie Service-Angebote in Bereichen der Haustechnik und des Industrie-Services.

Wenn Egon Strom über den „Großen Teich" blickt, wird ihm deutlich, daß die Dienstleistung als Wirtschaftsbereich in Amerika bereits 70 % der Arbeitsplätze stellt. In Deutschland sind es dagegen weniger als 50 %. Die Amerikaner sind damit stärker dienstleistungsorientiert als wir Deutsche.

Wenn wir den Trend der vergangenen Jahre betrachten, wird sich auch in Zukunft eine weitere Expansion der Dienstleistungs- und

8

Service-Arbeitsplätze ergeben. Serviceleistungen haben Zukunft, aber nur dann, wenn sie qualifiziert und zuverlässig angeboten und bedarfsorientiert vermarktet werden.

Die Definition des Marketing, nämlich „*den Kunden in den Mittelpunkt der Bemühungen zu stellen*", steht auch im Zentrum dieses Buches für Elektrofachbetriebe. Sie zeigt dem Fachbetrieb Wege auf, wie er sich durch Service dem Wettbewerb gegenüber profilieren kann.

Auch wenn auf den ersten Blick die Rendite meilenweit entfernt erscheint – Egon Strom kommt seinem Ertrag im Service durch die konsequente Arbeit mit diesem Buch immer näher.

Je stärker sich ein Handwerksbetrieb, egal aus welchem Gewerk, den Serviceleistungen verschreibt, desto weniger muß er mit dem Wettbewerb kämpfen. Während im Kerngeschäft von Elektrohandel und Elektroinstallation der Preiswettkampf an allen Fronten tobt, kann der Betrieb mit einem ausgeklügelten Service-Konzept in ruhigeres Fahrwasser gelangen, indem er mit zufriedenen Stammkunden langfristig und vor allem ohne permanenten Preiswettkampf seine Geschäfte machen kann.

9

Service schafft Profil im Wettbewerb – Service hat Zukunft

Service bringt dem Betrieb nur dann Erfolg, wenn die Service-leistungen zu wettbewerbsfähigen Preisen und vor allem qualifi-ziert und kundenfreundlich angeboten werden. Der wirtschaftli-che Erfolg der Fachbetriebe wird gesichert

- durch eine perfekte Betriebsorganisation, die zu einer bevorzugten Bedienung der Kunden und zu Rationalisierungseffek-ten im Betrieb führt; durch eine perfekte Betriebsorganisation lassen sich erheb-liche Kosten sparen. Diese Kostenerspar-nis steigert die Rendite und die Wettbe-werbsfähigkeit des Betriebes;
- durch die richtige, d. h. kostendeckende Kalkulation, mit der sich zusätzliche Er-tragsreserven im Unternehmen wecken lassen.

Service ist **der** Türöffner bei privaten und gewerblichen Kunden

- durch ein Marketing, welches Stamm-kunden bindet und neue Kundenzielgruppen erschließt. Mar-keting findet nicht im Büro statt, sondern beim Kunden.

Eine amerikanische Studie beweist die überragende Bedeutung von Serviceleistungen. Bei der Frage, warum Kunden „untreu" werden (d. h. das Produkt oder das Geschäft wechseln), nannten 65 % der Befragten einen schlechten Service. Die Dienstleistung oder Serviceleistung ist damit das entscheidende Instrument, um die Kunden zu halten – eine Art „Existenzversicherung für die Zukunft".

Begleiten Sie Egon Strom auf seinem Weg zum perfekten Service-fachmann. Dort, wo der Begriff „Arbeitsanleitung" einscheint, hat der Leser die Gelegenheit, mit Checklisten seine eigene betrieb-liche Situation zu analysieren.

> **In diesen Rahmen befinden sich besonders wichtige Hin-weise für die Erfolgssicherung durch Serviceleistungen.**

Und nun: Viel Spaß!

10

Grundlagen und Ist-Analyse

1.1 Einschätzung der eigenen Service-Abteilung

Bevor Maßnahmen, egal in welchem Bereich, umgesetzt werden
können, muß zunächst sorgfältig analysiert werden. Die Analyse
steht auch beim Thema Service am Anfang.
Egon Strom beginnt, den Ist-Zustand seiner Service-Abteilung zu
analysieren. Er schätzt seine Service-Abteilung ein.
Diesen Test wird Egon Strom noch einmal durchführen, nachdem
er dieses Buch durchgearbeitet und seine Maßnahmen zu mehr
Rendite im Service umgesetzt hat.

Die Einschätzung durch Egon Strom vor dem Durcharbeiten des Handbuchs

1. Wie groß ist der Anteil vom Service-Umsatz bezogen auf meinen Gesamtumsatz, Handel und Service zusammengenommen?	❏ weniger als 5 % ❏ 15 % bis 10 % ❏ 10 % bis 15 % ❏ 15 % bis 20 % ❏ mehr als 20 % ☒ weiß nicht
2. Wie hoch ist der Rohertrag in der Service-Werkstatt in % des Netto-Umsatzes des Service-Bereiches?	❏ weniger als 50 % ☒ 50 % bis 60 % ❏ 60 % bis 70 % ❏ 70 % bis 80 % ❏ mehr als 80 % ❏ weiß nicht
3. Die Materialkalkulation im Service ist ...	❏ O.K. ☒ zu niedrig ❏ weiß nicht
4. Damit meine Service-Mitarbeiter ihr Geld wert sind, müssen sie mehr als die folgenden Netto-Umsätze erreichen:	❏ Personalkosten x 2 ❏ Personalkosten x 2,5 ❏ Personalkosten x 4 ☒ weiß nicht
5. Wieviel muß ich pro Stun de verrechnen, um Kostendeckung zu erzielen ...	❏ weiß ich genau ❏ weiß ich in etwa ☒ weiß ich nicht
6. Meine Erträge in der Service-Werkstatt sind ..	❏ außerordentlich gut ☒ zufriedenstellend ❏ mittelmäßig ❏ schlecht ❏ sehr schlecht ❏ weiß nicht
7. Die Ablauf-Organisation in meiner Service-Werkstatt ist ...	❏ perfekt ☒ in Ordnung ❏ verbesserungs-würdig
8. Die Personal-Organisation in meiner Service-Werkstatt ist ...	❏ perfekt ☒ in Ordnung ❏ verbesserungs-würdig
9. Meine Service-Rechnungen sind ...	❏ zu niedrig ☒ angemessen ❏ zu hoch ❏ weiß nicht
10. Werbung für die Service-Werkstatt mache ich ...	❏ regelmäßig ❏ manchmal ❏ selten ☒ nie

Bereits durch das Ausfüllen der Checkliste wird Egon Strom, unser „Muster-Elektriker", sensibilisiert, worauf es im Service ankommt.
In der folgenden Checkliste kann der Leser seine eigene Situation überprüfen.

Arbeitsanleitung

Beurteilen Sie Ihre eigene Service-Abteilung durch die Beantwortung folgender Fragen:

Ihre Einschätzung vor dem Durcharbeiten des Handbuchs	Bitte kreuzen Sie an:	
1. Wie groß ist der Anteil vom Service-Umsatz bezogen auf meinen Gesamtumsatz, Handel und Service zusammengenommen?	☐ weniger als 5 % ☐ 10 % bis 15 % ☐ mehr als 20 %	☐ 15 % bis 10 % ☐ 15 % bis 20 % ☒ weiß nicht
2. Wie hoch ist der Rohertrag in der Service-Werkstatt in % des Netto-Umsatzes des Service-Bereiches?	☒ weniger als 50 % ☐ 60 % bis 70 % ☐ mehr als 80 %	☐ 50 % bis 60 % ☐ 70 % bis 80 % ☐ weiß nicht
3. Die Materialkalkulation im Service ist ...	☒ O.K. ☐ weiß nicht	☐ zu niedrig
4. Damit meine Service-Mitarbeiter ihr Geld wert sind, müssen sie mehr als die folgenden Netto-Umsätze erreichen:	☐ Personalkosten x 2 ☐ Personalkosten x 4	☒ Personalkosten x 2,5 ☐ weiß nicht
5. Wieviel muß ich pro Stun de verrechnen, um Kostendeckung zu erzielen ...	☐ weiß ich genau ☐ weiß ich nicht	☒ weiß ich in etwa
6. Meine Erträge in der Service-Werkstatt sind ..	☐ außerordentl. gut ☐ mittelmäßig ☐ sehr schlecht	☐ zufriedenstellend ☐ schlecht ☒ weiß nicht
7. Die Ablauf-Organisation in meiner Service-Werkstatt ist ...	☐ perfekt ☒ verbesserungs-würdig	☐ in Ordnung
8. Die Personal-Organisation in meiner Service-Werkstatt ist ...	☐ perfekt ☒ verbesserungswürdig	☐ in Ordnung
9. Meine Service-Rechnungen sind ...	☐ zu niedrig ☐ zu hoch	☐ angemessen ☒ weiß nicht
10. Werbung für die Service-Werkstatt mache ich ...	☐ regelmäßig ☐ selten	☒ manchmal ☐ nie

Diesem Test sollten Sie sich noch einmal unterziehen, wenn Sie das Buch durchgearbeitet haben, und Sie werden erkennen, in welchen Bereichen Sie mehr Informationen über Ihre Service-Abteilung gewonnen haben und wie Sie mehr Gewinn durch Service erzielen können.

Sollten Sie häufiger „weiß nicht" angekreuzt haben, dann wird es höchste Zeit, sich intensiver mit dem „Innenleben" der Service-Abteilung zu beschäftigen.

Grundlagen für eine erfolgreiche Service-Abteilung

Diese Ziele hat sich Egon Strom gesetzt:

- Service-Umsatz-Anteil Braune Ware über 20 %, bei Weißware über 15 %. Dann sind die Umsatz-Chancen im Service genutzt.

  Das bedeutet: Wenn er seine Verkaufs- und Service-Umsätze addiert, dann sollen die o. a. Prozentwerte für den Service-Umsatz erreicht werden.

  Die Analyse von Egon Stroms Zahlen zeigt, daß er dieses erste Ziel schon erreicht hat.

- Rohertrag Fernsehwerkstatt (Reparaturen Braune Ware) über 80 %. Weißware-Reparaturen: Rohertrag über 70 %.

  Der Rohertrag ist die Differenz zwischen Netto-Verkaufspreis (der Betrag, den der Kunde bezahlt, Arbeit und Material zusammengenommen) und dem Netto-Einkaufspreis für die verwendeten Materialien und Ersatzteile.

  Darüber kann Egon Strom noch keine Aussage treffen, da er sich mit dem Materialeinsatz seiner Service-Abteilungen noch nie beschäftigt hat (und er hat auch keine Ahnung, wie er kalkulieren soll, da ihm diese Informationen fehlen).

- Die Materialkalkulation basiert in der Fernsehwerkstatt auf der „Stickl-Liste" (Kalkulationshilfe für das Radio-/FS-Handwerk) und im Weißware-Service auf den Vorschlägen dieses Handbuchs.

14

● Netto-Mindest-Rohertrag zur Kostendeckung im Service:
Fernsehwerkstatt: Egon Strom will mindestens doppelt so
viel Netto-Rohertrag erreichen, wie Personalkosten in seinen
Service-Abteilungen anfallen. Für die anderen Abteilungen
legt er seine Ziele ebenfalls fest:

Fernsehwerkstatt:	Netto-Rohertrag	=	Personalkosten x 2,0
Weißware-Reparaturen:	Netto-Rohertrag	=	Personalkosten x 2,5
Antennenbau:	Netto-Rohertrag	=	Personalkosten x 4,0

Das sind Richtwerte. Die Kostendeckung kann erst bei Analyse der individuellen betrieblichen
Zahlen genau ermittelt werden.

Im Industrie-Service lassen sich die Anforderungen nicht pauschal festlegen, da die Aufgabenstellungen recht unterschiedlich sind. Dort wo der Anteil der verbauten Materialien ge-
ring ist, gelten zumindest die gleichen Anforderungen wie in
der FS-Werkstatt oder beim Weißware-Service.

● Der Stundensatz zur Kostendeckung liegt je nach Mitarbeiter-
Gehalt, Kostenstruktur des Betriebes und Auslastung bei DM
70,- bis DM 95,-, zzgl. MwSt.
Bisher hatte Egon Strom nicht die geringste Ahnung, welche
Stundensätze in seinem Betrieb kostendeckend sind. Er rich-
tete sich bei der Kalkulation nach den Stundensätzen der
(vermeintlichen) Konkurrenz.

● Jede Service-Abteilung muß eigenständig Gewinne erwirtschaften können – keine Abteilung subventioniert eine andere. Damit wäre der Gedanke des „Profit-Center" umgesetzt.

● Zu einer gut organisierten Service-Abteilung gehört:
– der erste Ansprechpartner am Telefon kann den Service-
Auftrag annehmen,
– die Service-Mitarbeiter erstellen ihre Rechnungen selbst,
– der Kunde kann jederzeit über den Stand seiner Reparatur
informiert werden.

● Die Service-Mitarbeiter kennen die Kosten ihrer Abteilung
und wissen, welche Umsätze sie zur Kostendeckung erreichen müssen. Das setzt die Bereitschaft des Unternehmens
voraus, seine Mitarbeiter auch zu informieren.

15

● Es ist ein eigener Service-Werbeetat eingeplant. Service-Marketing ist eine der Säulen des Unternehmens.

Dies sind wesentliche Eckpfeiler einer gut organisierten Service-Abteilung. Wie diese Voraussetzungen geschaffen werden können, wird nachfolgend im Detail erläutert.

> **Service ist notwendig, um dem Preiswettkampf im Verkauf zu entkommen.**

1.2 Die Bedeutung des Services im Fachbetrieb. Die Service-Abteilung als Profit-Center

Ein "Profit-Center" ist eine Abteilung des Betriebes, für die der Ertrag gesondert ermittelt wird. Der Bereichsleiter dieses Profit-Centers handelt gewissermaßen wie ein selbstständiger Unternehmer. Bei mittleren und größeren Betrieben, die einen Meister als Abteilungsleiter einsetzen, wird die Überwachung der Erträge dieser Abteilung an ihn delegiert. Mit der Übertragung von Verantwortung geht meist auch eine Beteiligung am Erfolg einher, etwa in der Weise, daß eine bestimmte Prämie ausgezahlt wird, wenn die gesteckten Ertragsziele erreicht wurden.

Wie sich die Service-Umsätze und damit die Bedeutung des Services in mittelständischen Elektrobetrieben (überwiegend Braune Ware) entwickelt hat, wurde im Herbst 1996 untersucht. Die Umfrage unter über

16

	1993	*1994*	*1995*	*1. Hj '96 ** *
Umsatzentwicklung Gesamtbetrieb	100 %	102 %	100%	99%
Umsatzentwicklung Service-Abteilung *	100 %	111%	114%	99%

* Zum Service gehören nach dieser Definition alle Reparaturleistungen der Braunen und Weißen Ware sowie Reparatur-Dienstleistungen an Elektroanlagen für Privathaushalte und Antennenbau.
** Im Vergleich zum 1. Halbjahr 1995

100 Radio-/FS- und Elektrofachgeschäften, die Mitglieder in ERFA (Erfahrungsaustausch)-Gruppen sind, zeigt folgendes Bild: Alle Prozentwerte beziehen sich auf die Basis 1993 (= 100%).
Die Tabelle auf Seite 17 macht deutlich: Während die Gesamtumsätze der Branche Zug um Zug zurückgehen, können sich die ERFA-Teilnehmer auch bei den Verkaufsumsätzen noch recht gut behaupten. Nicht zum ersten Mal wird dadurch dokumentiert, daß ERFA-Arbeit mehr wirtschaftlichen Erfolg bedeutet. Branchenüblich liegen die Umsätze 1995 im Verkauf bei etwa 92 %, das ist ein Rückgang gegenüber 1993 von 8 %. 1996 gingen die Handelsumsätze im Vergleich zum Vorjahr um 7 % zurück.
In der untersuchten Gruppe entwickeln sich die Service-Umsätze deutlich positiver als die Verkaufsumsätze. Der Markt, das beweisen diese Zahlen, gibt für den engagierten Betrieb noch ausreichend Umsatz her.
Die untersuchten Fachbetriebe, Teilnehmer von ERFA-Gruppen der Unternehmensberatung Heckner & Partner, sehen ihre Service-Abteilung überwiegend als „Profit-Center". Sie sind deshalb als Vorbilder für den Branchen-Durchschnitt heranzuziehen.

17

Jeder Unternehmer, der seine Service-Werkstatt „nebenher laufen" läßt, wird langfristig keine Erfolge verbuchen können. Vor
diesem Hintergrund lautet unsere Empfehlung:

Führen Sie Ihre Service-Abteilungen als „Profit-Center"!

Bisher hat auch Egon Strom seinen Service „nebenbei laufen lassen". Er weiß weder, ob diese Abteilung rentabel arbeitet, noch in
welcher Höhe sie gegebenenfalls Gewinne erwirtschaftet. Erst das
rückläufige SAT-Geschäft, welches in der Boomzeit viele „Sün-
den der Vergangenheit" kaschieren konnte, zwingt Egon Strom
zum Handeln. Deshalb beschließt er folgendes:
Egon Strom überträgt die Verantwortung für den Service Braune
und Weiße Ware seinem Werkstattleiter Ludwig Ampère.
Die Voraussetzung, daß nicht nur Verantwortung übertragen, sondern auch die Kontrollfunktion von Ludwig Ampère erfüllt werden kann, ist die gezielte Information über die wirtschaftliche

Lage „seiner Abtei-
lung". Damit er nun
die Leitung der Ser-
vice-Werkstatt in die
Hände von Ludwig
Ampère legen kann,
muß er folgende Vor-
aussetzungen schaf-
fen:

Übertragung von
Verantwortung setzt
Information der Mitarbeiter
voraus.

- Trennung der Umsatzerlöse nach Abteilungen,
- Trennung des Wareneinkaufs nach Abteilungen,
- Aufschlüsselung der Kosten nach Abteilungen,
- Festlegung eines Werbebudgets für die Service-Werkstatt und eventuell:
- Gewinn- bzw. Rohertrags-Beteiligung von Ludwig Ampère;

Die *positiven* Folgen daraus:

- Egon Strom entlastetet sich und gewinnt Zeit, um sich den wichtigsten betrieblichen Aufgaben zu widmen;
- seine Mitarbeiter helfen gezielter mit, den Erfolg ihrer Abteilung und damit den Erfolg des Gesamtbetriebes zu sichern.

Profilierung gegenüber den Großbetriebsfirmen

Egon Strom hat in den vergangenen 20 Jahren, in denen sein Unternehmen besteht, oft die Erfahrung gemacht, daß seine Kunden eine zuverlässige und qualifizierte Service-Werkstattleistung zu schätzen wissen und auch bereit sind, diese Leistung entsprechend zu honorieren. Daß die meisten Service-Kunden von Egon Strom ihre Ersatz- bzw. Neukäufe ebenfalls bei Elektro Strom tätigen, ist die Folge dieser Service-Orientierung. Würde Egon Strom die gleichen „Kulanzregelungen" einführen wie manche Großbetriebsfirmen, hätte er seine Kunden zum letzten mal gesehen. Im „richtigen" Fachgeschäft gilt die Devise: „Unsere Kunden machen uns viel Arbeit – erfreulicherweise haben wir sie". Denn: ohne Kunden kein Geschäft. Diese Erkenntnis hat auch Egon Strom gewonnen. Er weiß, daß sich nicht jede Service-Leistung sofort rechnet – er weiß aber auch, wenn er sie nicht erbringt, ist er den Kunden los.
Mit zunehmender Sättigung des Marktes mit Geräten der Braunen und Weißen Ware werden Neukäufe immer mehr zu Ersatzkäufen. Deshalb:

- Werben Sie für Ihre Reparaturleistung, da in den meisten Fällen der Ersatzbedarf entsteht, wenn das Gerät des Kunden defekt ist.

19

So verjagen Sie
Ihre Kunden.

- Werben Sie mit Slogans wie: „Wir lösen das Entsorgungspro-
blem mit Ihrem Altgerät". Ob der Betrieb die Entsorgungs-
kosten auch selbst übernimmt – das muß jeder für sich entscheiden. Der Service des Betriebes besteht darin, den orga-
nisatorischen Aufwand zu übernehmen, nicht die Kosten.

Nur wenn der Kunde das Gefühl hat, ein König zu sein, wird er
wiederkommen. Und nur wenn er wiederkommt, kann der Betrieb
überleben.
„Serviceleistung um jeden Preis?" So werden manche Leser jetzt
fragen. Die Antwort lautet „Nein". Jede Leistung hat ihren Preis,
und zwar den richtigen. Aus der Praxis unserer Unternehmensberatung wissen wir, daß viele Elektrobetriebe viel zu wenig über
ihre Kostensituation wissen, sich viel zu wenig mit den betrieblichen Zahlen beschäftigen.

Stammkundenbindungen werden über den Service aufgebaut., die Basis für die Umsätze über das Jahr 2000 hinaus. Der Kunde muß wie ein König behandelt werden; das bedeutet aber nicht, daß Leistungen verschenkt werden.

Vernünftige Kalkulation und die oft notwendige Kulanz schließen einander nicht aus. Wer richtig kalkuliert und seine Leistung auch verrechnet, kann zum richtigen Zeitpunkt auch kulant sein. Wer aber schlecht kalkuliert und für seine Leistungen einen zu niedrigen Preis verlangt, kann durch Kulanz schnell in die Pleite schlittern.

Der erste Schritt ist das richtige Verständnis für die betrieblichen Zahlen. Kaum ein deutscher Handwerker ist pleite gegangen, weil er sein Handwerk nicht versteht – viele allerdings, weil sie nie gelernt haben, richtig zu rechnen.

> **Der Gewinnbeitrag durch Serviceleistungen ist so hoch wie aus dem Handelsgeschäft – vorausgesetzt, der Betrieb fährt die richtige Service-Strategie.**

In einem Beispiel wollen wir dies verdeutlichen: Ein Handelsbetrieb für Braune und Weiße Ware erzielt einen Netto- Jahresumsatz von 1,0 Mio DM. 75 % des Umsatzes erzielt der Betrieb aus dem Handel, 25 % aus Serviceleistungen, d. h. aus Reparaturen der Geräte. Aus Erfahrung wissen wir, daß der Rohertrag im Handel, incl. Lieferanten skonti und -boni, etwa 26 % beträgt. Im Service erreicht der Betrieb einen Rohertrag von 78 %. Die Rohertragsberechnung zeigtdann folgendes Bild:

„Musterbetrieb"	Gesamtbetrieb	Handel	Service
Umsatz	1.000.000	750.000	250.000
Wareneinsatz	610.000	555.000	55.000
Rohertrag in DM	390.000	195.000	195.000
Rohertrag in Prozent	39,0 %	26,0 %	78,0 %

Unser Musterbetrieb erwirtschaftet mit der Service-Abteilung genau den gleichen Rohertrag wie aus dem Handelsbereich. Die Aufstellung verdeutlicht zusätzlich, wie wichtig der Service für diesen Musterbetrieb ist.

Der Musterbetrieb erreicht seinen guten Service-Anteil durch eine konsequente Service-Orientierung. Er ist gewissermaßen ein Beispiel für die erfolgreiche Umsetzung unserer Vorschläge aus diesem Buch. Wer sich genau mit seinen betrieblichen Zahlen auseinandersetzt, ist erst reif für eine vernünftige Kalkulation.

> **Nur wer seine Kosten kennt, kann vernünftig kalkulieren.**

Wer als Unternehmer aber vor seinen Zahlen davonläuft, wird nie die richtigen Entscheidungen treffen können. Damit beschäftigen wir uns im nächsten Kapitel.

> **Zu einer erfolgreichen Service-Abteilung gehört auch ein Unternehmer, der seinen Betrieb nach kaufmännischen Grundsätzen führt.**

Zusammenfassung zu Kapitel 1

Führen Sie Ihre Service-Abteilung als „Profit-Center"!

Der Gewinnbeitrag durch Serviceleistungen ist so hoch wie aus dem Handelsgeschäft – vorausgesetzt, der Betrieb fährt die richtige Service-Strategie.

Nur wer seine Kosten kennt, kann vernünftig kalkulieren.

Zu einer erfolgreichen Service-Abteilung gehört auch ein Unternehmer, der seinen Betrieb nach kaufmännischen Grundsätzen führt.

Der erfolgreiche Unternehmer läuft nicht vor seinen Zahlen davon, sondern setzt sich damit auseinander.

23

2 Betriebswirtschaftliche Daten im Service

Fachlich guter Service alleine ist zu wenig – auch die Rendite muß stimmen!

Daß nur fachlich einwandfrei reparierte Geräte aus der Service-Werkstatt der Firma Strom an die Kunden zurückgehen, ist klar. Ob aber die wirtschaftlichen Daten der Service-Abteilung stimmen, darüber ist sich Egon Strom im Unklaren. Oft hat er das Gefühl, daß andere Abteilungen seine Werkstatt mitfinanzieren. Die Unsicherheit macht ihm zu schaffen. Deshalb will er jetzt seine Service-Werkstatt betriebswirtschaftlich durchleuchten.

> **Jede Betriebsabteilung muß eigenständig in der Lage sein, Gewinne zu erzielen. Keine Abteilung darf eine andere subventionieren.**

Wie sich das bei Egon Strom darstellt, wird jetzt untersucht.

2.1 Service-Anteile

Welcher Service-Anteil ist „normal"?

Bei Elektro-Strom scheiterte die Antwort auf diese Frage früher allein daran, daß er in seiner betrieblichen Buchhaltung keine Trennung der Umsätze nach Serviceleistungen und „anderen Umsätzen" durchführte. Der erste Schritt, den Service betriebswirtschaftlich kontrollieren zu können, ist demnach eine Umsatzgliederung über die Buchhaltung.

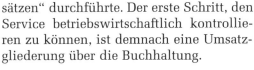

Zuerst Umsätze aufteilen, dann erst Rendite berechnen

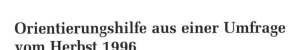

Orientierungshilfe aus einer Umfrage vom Herbst 1996

Aus der bereits erwähnten Umfrage unter etwa 100 Fachbetrieben der Elektrobranche, die allesamt über ein Ladengeschäft verfügen, wurde ermittelt, welche Service-Anteile in der Braunen und der Weißen Ware üblich sind.

Arbeitsanleitung

Ermitteln Sie auch für Ihren Betrieb dieses Zahlenmaterial! In der ersten Spalte der nachfolgenden Tabelle sind die Ergebnisse einer Befragung von etwa 100 Fachbetrieben aufgeführt. Prüfen Sie anhand Ihrer eigenen betrieblichen Zahlen, ob Ihre Service-Abteilung den Stellenwert erreicht wie in anderen Betrieben.

25

Ihren Prozentwert können Sie errechnen, wenn Sie den Umsatz einer Abteilung durch den Umsatz des gesamten Bereiches dividieren und dann mit 100 multiplizieren.

$$\frac{\text{Umsatz Fernsehwerkstatt} \times 100}{\text{Gesamtumsatz Bereich Braune Ware}} = \text{Prozentwert}$$

Umsatzanteile 1995 Braune Ware lt. Umfrage	DM	%	Mein Betrieb in %
Umsatz Braune Ware und Zubehör	578.160	72,0 %	
Umsatz Fernsehwerkstatt	146.949	18,3 %	
Umsatz BK-Anschlüsse, (SAT)-Antennen	77.891	9,7 %	
Summe	803.000	100,0 %	100

Ohne Antennen ergibt sich folgendes Bild:

Umsatzanteile 1995 Braune Ware lt. Umfrage	DM	%	Mein Betrieb in %
Umsatz Braune Ware und Zubehör	578.160	79,7 %	
Umsatz Fernsehwerkstatt	146.949	20,3 %	
Summe	725.109	100,0 %	100

Eine Umsatzgliederung nach Abteilungen ist der erste Schritt zu einer qualifizierten Analyse der Service-Abteilungen.

Der Service-Anteil im Verhältnis zum Handel liegt in der untersuchten Gruppe bei etwa 20 %. In den aufgeführten Werkstatt- und Antennen-Umsätzen sind die Erlöse für weiterverrechnete

26

Arbeit und weiterverrechnetes Material enthalten. Die Untersuchung dieser Zahlen ist der erste Schritt zu einer kostendeckenden Kalkulation. Wer in seinem Betrieb die Umsätze nicht separat erfaßt, tappt im Dunkeln. Eine zeitgemäße Umsatzgliederung für Mischbetriebe schlagen wir Ihnen hier vor:

Empfohlene Umsatzgliederung

Teilen Sie die Umsätze Ihres Betriebes in die folgenden Bereiche:

1. TV
2. HiFi und Henkelware
3. Video und Peripheriegeräte
4. Telekommunikation und Multimedia
5. Zubehör Braune Ware
6. Weißware-Großgeräte
7. Weißware-Kleingeräte
8. Verkauf Installationsmaterial und Zubehör Weiße Ware
9. Leuchten und Leuchtmittel
10. Installation Regie
11. Installation Angebot
12. Klein- und Wartungs-/Industrie-Serviceaufträge
13. Fernsehwerkstatt und Reparatur Braune Ware
14. Antennen
15. Reparatur Weiße Ware
16. Sonstige Umsätze

Dieser erste Schritt der Umsatzgliederung bietet die Voraussetzung dafür, daß die Situation des Unternehmens beurteilt werden kann.

> **Umsatzgliederung: Im Zweifelsfall sprechen Sie mit Ihrem Steuerberater!**

27

In Ihrer Buchhaltung und in der Kasse müssen Sie die gleiche Gliederung einsetzten. Der Aufwand zur Umsatz-Trennung ist geringer als häufig angenommen. Im Zweifelsfall sprechen Sie mit Ihrem Steuerberater; der kann Ihnen aufzeigen, welche Vorarbeiten Sie erbringen müssen, um diese Umsatzgliederung in Ihrem Betrieb einzuführen.

Egon Strom hat sich zusammen mit seiner Frau Maria fest vorgenommen, spätestens ab dem nächsten Monatsersten die Umsätze seines Betriebes exakt zu trennen.

Getrennt nach Unternehmensbereichen hat die Firma Strom folgende Umsätze in den Abteilungen erreicht:

Die Umsatzgliederung von Elektro Strom

Umsatzbereiche Elektro Strom	netto in DM	in %
Installation Angebot	873.554	46,4
Installation Regie	218.389	11,6
Handel Braune Ware	247.800	13,2
Handel Weiße Ware	371.500	19,7
Werkstatt Braune Ware	81.407	4,3
Weißware-Service	81.930	4,3
Antennenbau und Antennenreparaturen	9.420	0,5
Summe	**1.884.000**	**100,0**

Aha!

Nur die Analyse der betrieblichen Zahlen ermöglicht den Blick hinter die Kulissen.

Die Umsatzanteile für die Braune und Weiße Ware sowie den
dazugehörigen Service zeigen bei Egon Strom folgendes Bild:

Umsatzbereiche Elektro Strom	netto in DM	in %
Handel Braune Ware	247.800	75,3 %
Werkstatt Braune Ware	81.407	24,7 %
Summe	**329.207**	**100,0 %**
Handel Weiße Ware	371.500	81,9 %
Weißware Service	81.930	18,1 %
Summe	**453.430**	**100,0 %**

Mit seinem Blick hinter die Kulissen hat Egon Strom etwas ge-
schafft, vor dem sich viele seiner Kollegen auch heute noch „drük-
ken": die Beschäftigung mit den eigenen betrieblichen Zahlen.
Und er hat auch gemerkt: Wenn er einmal begonnen hat, sein Zahlenmaterial zu analysieren, dann sind so manche „komplizierten"
Zusammenhänge gar nicht so schwer zu verstehen.

2.2 Detail-Berechnung der Service-Erträge

Materialeinsatz und Materialkalkulation

Die Formel zur Berechnung des Betriebsergebnisses:

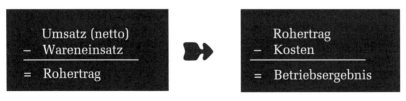

29

Der **Wareneinsatz** entspricht immer dem Einkaufspreis der verwendeten Ersatzteile. Der Netto-Umsatz ist der erzielte Erlös für Arbeit und Material zusammen.

> **Ein 20 %iger Wareneinsatz in der FS-Werkstatt ist der Richtwert.**
>
> **Der Materialeinsatz beim Weißware-Service liegt bei ca. 20 bis 30 %, bei Antennen bei ca. 50 bis 70 % je nach Art der Aufträge.**

Liegt der Wareneinsatz höher, wird falsch, d. h. zu niedrig kalkuliert, oder es werden zu viele Reparaturen nach außen vergeben. Fremdreparaturen bucht der Seuerberater nämlich unter „Wareneinkauf". Bei Fremdreparaturen ist es oft nicht möglich, einen größeren Aufschlag auf die Kosten durchzusetzen.

2.3 Die richtige Materialkalkulation

> **Ein Aufschlag von 1000 % bei Kleinteilen ist notwendig, um im Service Kostendeckung zu erreichen.**

„Ist das nicht Wucher?" fragt sich Egon Strom.
Die Antwort: Nein, ist es nicht! Warum hier vernünftig kalkuliert werden muß, zeigt uns folgendes Praxis-Beispiel: Der Techniker benötigt ein Ersatzteil für DM 1,–, das er für die Reparatur bestellt. Die Techniker-Stunde wird intern mit DM 60,– verrechnet, also pro Minute mit DM 1,– ange-

Nur bei Standard-Ersatzteilen wie Nägel und Sicherungen darf günstiger kalkuliert werden.

setzt. Warum dieser Stunden- bzw. Minutensatz notwendig ist, erläutern wir nachfolgend.
Wir können dem Leser nur empfehlen, diese Tabelle auch mit den betroffenen Technikern zu besprechen; die Mitarbeiter haben es in der Hand, wie sie mit ihrer Zeit umgehen und damit letztlich mit dem Geld des Betriebes.

Beispiel für die Kosten einer Ersatzteilbestellung

Leistung des Technikers/Aufwand	Zeitaufwand in Minuten	Kosten in DM
Kosten des Ersatzteils		1,00
Heraussuchen der Ersatzteil-nummer, Bestellung	4	4,00
Telefon-/Faxkosten		−,30
Lieferung kommt per Nachnahme, Annahme der Sendung	1	1,00
Nachnahmekosten, Porto		3,00
Verbuchung der Ersatzteilrechnung beim Steuerberater		−,70
Summe Kosten		*10,00*
Kosten Ersatzteil		*1,00*

Erst wenn Egon Strom für dieses Ersatzteil DM 10,– berechnet, hat er alle seine Kosten abgedeckt. Der Preis von DM 10,– entspricht einem Aufschlag von 1000 %. Dieser ist notwendig, um die Kosten zu decken.
Dieses Beispiel entstammt der täglichen Praxis. Die Kosten in einem solchen Fall dürfen nicht am Betrieb hängenbleiben, sondern müssen vom Kunden getragen werden.

31

Empfohlene Kalkulation für Ersatzteile

Aus unseren Erfahrungen und den Vergleichen der Kalkulation von Kollegen wissen wir, daß die Werte in der folgenden Tabelle absolut üblich sind. Der in der letzten Spalte zuerst angegebene Preis kann als absolute Untergrenze angesehen werden. Nur bei Artikeln, die sehr häufig eingesetzt werden, sind andere Kalkulationsgrundlagen anzusetzen. Das ist auch sinnvoll, da bestimmte Ersatzteile nicht einzeln bestellt werden, sondern immer in größerer Stückzahl am Lager sind. Die Bestellkosten sind damit niedriger; der Betrieb erreicht auch mit einem geringeren Kalkulationsaufschlag Kostendeckung. Egon Strom braucht für seinen Nagel nicht DM 28,– zu verlangen, da er dieses Teil sicherlich in größerer Stückzahl eingekauft hat.

Einkaufspreis	*Kalkulationsfaktor*	*VK-Preis netto von... bis...*
-,25	20,0 bis 30,0	5,00 bis 7,50
-,75	12,0 bis 15,0	9,00 bis 11,25
1,50	8,0 bis 12,0	12,00 bis 18,00
2,50	5,0 bis 8,0	12,50 bis 20,00
5,00	3,0 bis 5,0	15,00 bis 25,00
10,00	2,0 bis 3,0	20,00 bis 30,00
20,00	1,8 bis 2,2	36,00 bis 44,00
30,00	1,7 bis 2,1	51,00 bis 63,00
40,00	1,7 bis 2,1	68,00 bis 84,00
60,00	1,7 bis 2,1	102,00 bis 126,00
80,00	1,6 bis 2,0	128,00 bis 160,00
100,00	1,6 bis 2,0	160,00 bis 190,00
120,00	1,5 bis 1,8	180,00 bis 216,00
150,00	1,5 bis 1,7	225,00 bis 255,00

Keinesfalls die oben angeführten Kalkulationsfaktoren unterschreiten!

Sonst „legen Sie drauf"!

Preise rufen meinen Namen,
mir ist gar nichts klar –
ist das nur ein Traum
oder wirklich war?!

Dem Elektrofachhandel kann an dieser Stelle nur empfohlen werden, sich bei Zubehör-Preisen an den Kalkulationsgrundlagen der Großbetriebe zu orientieren. Diese kalkulieren beim Zubehör oft so, wie es auch dem Fachhandel gut zu Gesicht stünde.

Manch kleiner Fachbetrieb meint, er müsse gerade bei der Zubehör-Kalkulation die Großfläche unterbieten – welch eine Überraschung, wenn der Unternehmer erkennen

Bei der Zubehör-Kalkulation kann sich mancher kleinere Fachhändler bei den „Großen" etwas abschauen.

muß, daß er beim sogenannten „Kleinzeug" viel zu schlecht kalkuliert und weit unter den Preisen der Großfläche liegt. Machen Sie einfach den Vergleich – wir dürfen es nicht. Fazit:

> **Je spezieller das Ersatzteil, desto höher muß kalkuliert werden, um die Beschaffungskosten zu decken.**

33

Zusammenfassung zu Kapitel 2.1 bis 2.3

Jede Betriebsabteilung muß eigenständig in der Lage sein, Gewinne zu erzielen. Keine Abteilung darf eine andere subventionieren.

Eine Umsatzgliederung nach Abteilungen ist der erste Schritt zu einer qualifizierten Analyse der Service-Abteilungen.

Umsatzgliederung: Im Zweifelsfall sprechen Sie mit Ihrem Steuerberater!

Ein 20 %iger Wareneinsatz in der FS-Werkstatt ist der Richtwert.

Der Materialeinsatz beim Weißware-Service liegt bei ca. 20 bis 30 %, bei Antennen bei ca. 50 bis 70 %, je nach Art der Aufträge.

Ein Aufschlag von 1.000 % bei Kleinteilen ist notwendig, um im Service Kostendeckung zu erreichen.

Je spezieller das Ersatzteil, desto höher muß kalkuliert werden, um die Beschaffungskosten zu decken.

2.4 Personal-Leistungsanforderung und Leistungs-Kalkulation

> **Jeder Service-Mitarbeiter muß einen Rohertrag erwirtschaften, der als Richtwert das Doppelte seiner Personalkosten beträgt; erst dann besteht die Chance zur Kostendeckung!**

Der genannte Richtwert entspricht einem durchschnittlichen Erfahrungswert und unterstellt:

Personalkosten Produktivkräfte	= 50 % der Gesamtkosten
übrige Kosten, ebenfalls	= 50 % der Gesamtkosten

Das heißt: Personalkosten der Produktivkräfte x 2	= notwendiger Rohertrag zur Kostendeckung

Beispiel FS-Werkstatt	*DM*	*%*
Umsatz netto	150.000	100
./. Wareneinsatz	30.000	20
= Rohertrag	120.000	80
./. Kosten	105.000	70
= Ergebnis	*+ 15.000*	*+ 10*

In unseren Seminaren stellen wir die Frage: „Wie viele Mitarbeiter sind in dieser Fernsehwerkstatt tätig?" Die richtige Antwort: „Ein Techniker und ein Azubi!" Einen höheren Personalstand kann sich dieser Betrieb nicht leisten.

Um die Leistungsanforderungen an seine Mitarbeiter zu ermitteln, berechnet Egon Strom seine Personalkosten im Service

Wir unterstellen in der folgenden Tabelle 12,5 Monatsgehälter und einen Sozialkostenanteil in Höhe von 20 %. Ein Mitarbeiter, der monatlich DM 3.000,– brutto verdient, kostet den Betrieb also DM 45.000,– pro Jahr (DM 3.000,– x 12,5 Gehälter + 20 % Sozialkosten = DM 45.000,–). Das sind auf den Monat umgerechnet DM 3.750,–.

Berücksichtigen wir weiterhin, daß der Mitarbeiter nur 10 Monate im Unternehmen anwesend ist (Urlaub, Feiertage während der Woche, Fortbildung, Krankheit), so liegen die Kosten pro Anwesenheitsmonat des Mitarbeiters bei DM 4.500.–.

Mitarbeiter verdient *monatlich brutto*	*DM* 3.000	*Azubi* verdient *monatlich brutto*	*DM* 800
jährlich (12,5 x)	37.500	jährlich (12,5 x)	10.000
+ Sozialversicherung/ Sonstiges 20 %	7.500	+ Sozialversicherung/ Sonstiges 20 %	2.000
Summe	*45.000*	*Summe*	*12.000*

Den Mitarbeitern diese Zusammenhänge zu erklären, ist eine Aufgabe der betrieblichen Personalführung. Das Ziel ist es, den Mitarbeitern deutlich zu machen, daß gewisse Kalkulations-Grössenordnungen im Unternehmen angesetzt werden müssen, um die Kosten zu decken.

Egon Strom weist in seinen Mitarbeitergesprächen auch darauf hin, daß ausreichende Erträge im Service notwendig sind, um alle Kosten zu decken und damit die Arbeitsplätze zu sichern. Wenn der Betrieb im Service nicht kostendeckend arbeitet, dann sind auch die Arbeitsplätze nicht sicher.

Neben dem Lohn fallen zusätzliche Kosten an wie Raum-, Kfz-, Werbe und Verwaltungskosten usw., die vom Mitarbeiter ebenfalls zu erwirtschaften sind. Diese Kosten sind erfahrungsgemäß etwa so hoch wie die Personalkosten selbst.

Beispiel:

Folgende Netto-Roherträge müssen die Service-Mitarbeiter pro Jahr erreichen, damit sie ihr Gehalt wert sind:

Monatsgehalt brutto DM	Kosten für den Betrieb DM/Jahr	Soll-Jahres- Rohertrag netto DM
800 (Azubi)	12.000	24.000
2.000 (Jung-Techniker)	30.000	60.000
2.500 (Techniker)	37.500	75.000
3.000 (Techniker)	45.000	90.000
4.000 (Meister)	60.000	120.000
5.000 (Service-Chef mit Führungs-Verantwortung)	75.000	150.000

Für Egon Strom, aber auch für seine Mitarbeiter, bedeutet dies eine Leistungsanforderung, die nur erfüllt werden kann, wenn der Service perfekt organisiert ist und Leerlauf vermieden wird. Die obige Tabelle macht auch den Mitarbeitern deutlich:

> **Wer mehr Geld verdienen will, muß auch mehr Leistung bringen.**
>
> **Diese Rohertrags-Ziele gelten für alle Service-Leistungen im Installationsbereich und sogar auch für den Handel.**

Da die Erträge in den verschiedenen Service-Bereichen unterschiedlich hoch sind, kann nicht von einem Umsatz-Ziel, sondern nur von **Rohertrags-Zielen** ausgegangen werden.

37

2 Betriebswirtschaftliche Daten im Service

Die folgende Tabelle zeigt, welche Leistungen in den verschiedenen Service-Bereichen erbracht werden müssen, um pro Mitarbeiter auf den gleichen Rohertrag zu kommen.
In allen 3 Beispielen gehen wir von einem Mitarbeiter aus, der DM 45.000,– Personalkosten jährlich verursacht.

Soll-Umsätze für einen Techniker / Monteur zur Kostendeckung

Muster-Rechnung für **einen** Mitarbeiter	Reparatur FS-Werkstatt	Reparatur Weißware	Antennen-bau
Soll-Umsatz netto	112.500	128.500	200.000
./. Wareneinsatz	22.500	38.500	111.000
= Rohertrag	90.000	90.000	90.000
in %	80 %	70 %	45 %
./. Personalkosten *	45.000	45.000	45.000
./. andere Kosten **	45.000	45.000	45.000
Ergebnis	**0**	**0**	**0**

* 1 Geselle ca. DM 3.000,– monatl. brutto = DM 45.000,– Lohnkosten/Jahr
** Berechnung dieser Kosten: siehe Folgeseiten

Jeder Betrieb muß im Service Gewinne erwirtschaften, um für Investitionen Rücklagen zu bilden und Gewinn-Beiträge für die Arbeit des Unternehmers zu leisten. Lediglich Kostendeckung wie in der vorangegangenen Tabelle reicht nicht aus, um erfolgreich zu arbeiten. Nur die direkten Personalkosten des einzelnen Mitarbeiters im Service zu verdienen, damit ist es im Unternehmen nicht getan.
Wir haben die „sonstigen Aufwendungen", die im Service neben den Personalkosten anfallen, zusammengestellt. Sie sollen Egon Strom und seinen Mitarbeitern zeigen, daß wir nach der Faustformel vorgehen können:

Mit jeder Mark Personalkosten fällt nahezu eine weitere Mark an Kosten für „sonstige Aufwendungen" an.

Kosten, die neben dem Lohn anfallen:

- Jeder Mitarbeiter benötigt einen Arbeitsplatz im Unternehmen, der **Raumkosten** verursacht. Dies gilt für den Arbeitsplatz wie auch für den Platz, auf dem die Geräte-Ersatzteile, Werkzeuge usw. gelagert sind.
- Die Mitarbeiter nutzen ein Fahrzeug. Die anteiligen **Kosten des Fahrzeugs** müssen ebenfalls verdient werden.
- Für jede vom Kunden nicht gleich bezahlte Rechnung fallen **Zinskosten** an. Genau so muß ein Lagerbestand vorgehalten, müssen Werkzeuge, Maschinen und Meßgeräte finanziert werden. All das verursacht Zinsen und Aufwendungen für Rückzahlungen von Krediten. Letzteres schlägt sich in den Abschreibungen (AfA) nieder.
- Auch die **Werbekosten** des Betriebes für die Serviceleistungen sind vom Mitarbeiter wieder zu verdienen. Jede Rechnung, die geschrieben wird, verursacht ebenfalls einen **Buchungsaufwand beim Steuerberater.**
- Und schließlich werden **Telefonanrufe** der Service-Kunden von Büromitarbeitern oder durch die Mitarbeiter des Ladens entgegengenommen. Deren Arbeitszeit muß ebenfalls durch den Service verdient werden, usw.
- So addieren sich alle **Verwaltungskosten** zu einem Betrag, der etwa den Personalkosten entspricht.

> **Die Kostenkalkulation für einen Service-Arbeitsplatz sollte mit den Service-Mitarbeitern besprochen werden.**

Musterrechnung für die Kosten eines Service-Arbeitsplatzes

Die folgende Tabelle nimmt sich Egon Strom zu Herzen. Sie zeigt die Verwaltungskosten je Mitarbeiter, die pro Arbeitsplatz unabhängig von seinem Gehalt bei Elektro Strom DM 45.000,– pro Jahr betragen.

Kostenart Service / Musterrechnung	*Kosten* *DM / Jahr*
Personalkosten (Bruttolohn: DM 3000,- monatlich)	45.000
anteilige Raum- und Lagerkosten (Miete- u. Nebenkosten)	5.000
Kfz-Kosten	6.000
Zinskosten	5.000
Werbekosten	7.000
Kosten Steuerberater anteilig	3.000
Abschreibungen auf Werkzeuge, Meßgeräte, Kfz.	7.000
Verluste aus nicht bezahlten Kunden-Rechnungen	1.000
Telefon, Nachnahme, Portokosten	3.000
Verwaltungs-Personalkosten	5.000
sonstige Kosten	3.000
Summe Gesamtkosten eines Service-Mitarbeiters	*90.000*

Als Egon Strom seine Leistungsanforderungen mit den tatsächlichen Erträgen vergleicht, merkt er, daß sein Betrieb noch weit von der Kostendeckung entfernt ist. Inzwischen hat er auch festgestellt, daß sein Materialverbrauch (Wareneinsatz) in der Fernsehwerkstatt 32,5 % des Umsatzes beträgt, so daß er auch seinen Rohertrag berechnen kann.

Bei genauer Betrachtung seiner Zahlen erkennt Egon Strom, daß er in seiner Fernsehwerkstatt einen Verlust von etwa DM 35.000,– „produziert". Erst nach der Analyse der Zahlen ist ihm das bewußt geworden. Er weiß, daß er einen Rohertrag erzielen muß, der mindestens seinen Kosten entspricht (DM 90.000,–). Er müßte bei gleichem Materialeinsatz seinen Umsatz um DM 35.000,– steigern, um die Kosten zu decken.

Egon Strom wird ganz übel, wenn er daran denkt, welche Verlustquelle er seit Jahren in seinem Betrieb „mitschleppt". Er hatte

40

Fernsehwerkstatt *Elektro Strom*	*Ist-Leistung*	*Soll-Leistung*
Umsatz Fernsehwerkstatt	81.407	116.407
./. Wareneinsatz	26.407	26.407
= Rohertrag	55.000	90.000
in %	67,5%	77,3%
./. Personalkosten	45.000	45.000
./. andere Kosten	45.000	45.000
Ergebnis	*-35.000*	*0*

nicht die geringste Ahnung, daß tausende von Mark jedes Jahr „im Sand versickern".

Die Beschäftigung mit den betrieblichen Zahlen ist für Egon Strom gelegentlich frustrierend.

Damit ist es vorbei. Wissen ist der erste Schritt zur Besserung. Auch wenn es schmerzt, die Abteilung Weißware-Service muß ebenfalls unter die Lupe genommen werden.

41

Auch im Weißware-Service, in dem ein Mitarbeiter tätig ist, sieht die Sache nicht besser aus. Wie in der Fernsehwerkstatt liegt der Rohertrag deutlich hinter den Soll-Werten zurück. Um dort Kostendeckung zu erreichen, muß der Umsatz bei gleichem Materialverbrauch um DM 25.000,– gesteigert werden. Die Frage ist legitim, ob der Kunde bereit ist, einen höheren Preis für die gleiche Leistung zu zahlen. Die Antwort darauf: Wenn der Betrieb so wie bisher weiterarbeitet, wird es die Firma bald nicht mehr geben. Die Frage, ob so „weitergewurstelt" werden soll, erübrigt sich damit wohl.

Weißware-Service *Elektro Strom*	*Ist-Leistung*	*Soll-Leistung*
Umsatz Weißware-Service	81.930	106.930
./. Wareneinsatz	31.930	31.930
= Rohertrag	50.000	75.000
in %	61 %	67,5 %
./. Personalkosten	40.000	40.000
./. andere Kosten	35.000	35.000
Ergebnis	*– 25.000*	*0*

Die wirtschaftliche Situation von Egon Stroms Service-Abteilung kann als „katastrophal" bezeichnet werden. Die Summe einzener Fehler führt zu Verlusten, von denen Egon Strom und seine Mitarbeiter bisher keine Ahnung hatten.

Da jetzt aber die wirtschaftliche Situation untersucht ist, hat Egon Strom auch die notwendige Motivation, um seine Lage zu verbessern.

Meist ist es die Summe vieler kleiner Fehler, die unter dem Strich gewaltige Verluste bringt.

2.5 Die Kosten einer Arbeitsstunde

Arbeitsanleitung

Wir empfehlen dem Leser, auch dieses Kapitel mit den Service-Mitarbeitern zu besprechen. Wir wissen aus unserer Beratungspraxis, daß es die Mitarbeiter durchaus zu schätzen wissen, wenn sie sachlich informiert werden. Machen Sie's wie Egon Strom. Um seinen Mitarbeitern zu verdeutlichen, welche Kosten sie im Unternehmen verursachen und was eine Arbeitsstunde dort tatsächlich kostet, zieht Egon Strom die folgende Berechnung heran und ist überrascht. Die Tabelle macht ihm klar, daß ein Mitarbeiter pro Jahr zwar über 2.000 Stunden bezahlt bekommt, einschließlich Urlaubs- und Weihnachtsgeld, bezahlten Feiertagen usw., dem Betrieb aber lediglich 1537 Stunden zur Verfügung steht.

Verrechenbare Stunden im Service	Std. / Jahr
7,5 Std. x 5 Tage x 52 Wochen	1.950,00
abzüglich 6 Wochen Urlaub*	225,00
abzüglich 2 Wochen Krankheit	75,00
abzüglich 1 Woche Fortbildung	37,50
abzüglich 2 Wochen Feiertage	75,00
Verbleibende Anwesenheitsstunden im Betrieb	1.537,50

* tatsächlich werden mehr Stunden in Form von Urlaubs- und Weihnachtsgeld gezahlt.

Berücksichtigen wir jetzt die Kosten-Kalkulation aus den vorangegangenen Tabellen, lassen sich die Kosten einer Arbeitsstunde überschlägig ermitteln.
Wir erinnern uns: Ein Service-Mitarbeiter mit einem monatlichen Bruttolohn von DM 3.000,– verursacht dem Unternehmen, einschließlich aller Nebenkosten, jährliche Kosten in Höhe von

DM 90.000,–. Teilen wir jetzt diese DM 90.000,– durch 1.537,50 Stunden (Anwesenheit des Mitarbeiters), so läßt sich der Stundensatz ermitteln, den der Mitarbeiter im Durchschnitt verrechnen müßte, um die durch ihn verursachten Gesamtkosten abzudecken.

$$\frac{\text{DM } 90.000,-}{1.537,50 \text{ Std.}} = \text{DM } 58,54 \text{ kostendeckender Stundensatz}$$

> **Ein Mitarbeiter mit einem Bruttolohn von DM 3.000,– muß einen Mindest-Stundensatz von ca. DM 58,– verrechnen, nur um seine Kosten zu decken.**

In der Praxis ist es nicht möglich, jede Anwesenheitsstunde des Mitarbeiters tatsächlich zu verrechnen. Wenn nur 80 % oder 90 % der Anwesenheitszeit verrechnet werden können, muß der Stundensatz zwangsläufig höher sein. Nur wenn der Betrieb jede Anwesenheitsstunde des Mitarbeiters verrechnen kann (was im Service aber nicht möglich ist), würde der Stundesatz von DM 58,54 ausreichen. Eine Produktivität von 80 % (80 % der Anwesenheitszeit des Mitarbeiters können verrechnet werden) ist ein recht ordentlicher Wert. Der **Stundensatz** müßte in unserem Beispiel demnach bei über **DM 73,–** liegen.

Das Beispiel in der folgenden Tabelle gilt für einen Mitarbeiter mit einem monatlichen Bruttolohn von DM 3.000,–. Verdient der Mitarbeiter mehr als DM 3.000,– monatlich brutto, muß der Stundensatz dementsprechend nach oben angepaßt werden. Allein schon diese Überlegung macht deutlich, daß **Service-Stundensätze** in Größenordnungen zwischen DM 80,– und DM 120,– bei besser verdienenden Mitarbeitern zwingend notwendig sind, um die betrieblichen Kosten abzudecken.

Kostenbewußtsein – die Voraussetzung für die richtige Kalkulation

Kostendeckende Stundensätze im Service, bezogen auf die Anwesenheit des Mitarbeiters	Mindest-Stundensatz in DM/Std. ohne MwSt.
bei 100 % verrechenbarer Stunden	58,54
bei 90 % verrechenbarer Stunden	65,04
bei 80 % verrechenbarer Stunden	73,18
bei 70 % verrechenbarer Stunden	83,62
bei 60 % verrechenbarer Stunden	97,57

Wir wissen aber auch, daß die Mitarbeiter diese Kosten-Kalkulation kennen müssen, damit ihnen klar wird, daß solche Service-Stundensätze ganz einfach notwendig sind, um betriebliche Aufwendungen einschließlich der Lohnkosten abzudecken. Die obige Tabelle zeigt auf:

● Wenn ein Mitarbeiter mit einem Monats-Bruttolohn von DM 3.000,– Gesamtkosten von DM 90.000,– verursacht und 80 % seiner Anwesenheitszeit an den Kunden weiterverrechnen kann (das sind etwa 30 Stunden pro Woche), muß der Stundensatz bei ca. DM 73,18 zzgl. MwSt. liegen.

● Für einen Mitarbeiter mit einem monatlichen Bruttolohn von DM 4.000,– müssen bereits ca. DM 85,40 zzgl. MwSt. pro Stunde angesetzt werden.

Durch die Analyse seiner Zahlen ist Egon Strom nun auch bereit, Maßnahmen zu ergreifen, um im Service Gewinne zu erzielen, und ist motiviert, in seinem Unternehmen die notwendigen Änderungen durchzuführen. Hätte er sich weiterhin vor seinen betrieblichen Zahlen gedrückt, wäre in seinem Betrieb alles beim Alten geblieben.

2.6 Leistungslohn im Service?

Eine Gewinnbeteiligung, so denken viele, würde die Mitarbeiter schon motivieren, eine Leistung zu bringen, mit der die Service-Abteilung in die Gewinnzone kommt. Wenn der Service jedoch schlecht organisiert ist, wenn die Kalkulation nicht stimmt, dann können sich die Mitarbeiter anstrengen, soviel sie wollen, es werden weiter Verluste gemacht.

Die Antwort auf die Frage: Leistungslohn „ja" oder „nein" kann erst beantwortet werden, wenn in der Service-Abteilung folgende Voraussetzungen geschaffen sind:

● Die Kosten der Service-Abteilung sind bekannt.
● Die verantwortlichen Mitarbeiter kennen die Ertragssituation im Service.
● Die Mitarbeiter sind selbst für die Rechnungstellung verantwortlich und können damit das Ergebnis selbst beeinflussen.
● Die Rechnungstellung erfolgt über EDV.
● Von den Mitarbeitern hat zumindest der Service-Meister eine klar definierte Entscheidungsbefugnis über seine Service-Abteilung.
● Die Mitarbeiter sind bereit, eine leistungsbezogene Entlohnung zu akzeptieren, nachdem die o. a. Voraussetzungen geschaffen sind.

Am besten haben sich Prämienlohn-Systeme bewährt. Die Geschäftsleitung berechnet Quartalsziele für Umsatz und Rohertrag, die auch von den Mitarbeitern so akzeptiert werden. Nach Erreichen dieser Ziele wird eine Prämie ausgeschüttet.

Der Werkstattleiter mit einem Bruttolohn von z. B. DM 5.000,– erhält doppelt so viel Prämie wie der Jungtechniker mit seinem Bruttolohn von DM 2.500,–. Aber auch der Azubi profitiert entsprechend seines Lehrlingslohns von der Prämie.

Mindestens jährlich muß die Kostenstruktur der Abteilung überprüft werden, und die Ziele sowie die Prämie sind neu festzulegen.

Leistungslohn „ja", wenn die notwendigen Voraussetzungen im Betrieb gegeben sind und die Mitarbeiter „mitspielen".

Hierzu ist Voraussetzung:

● Betriebswirtschaftliche Information an die Mitarbeiter, insbesondere über die Kosten und die notwendigen Umsätze des Service-Bereichs.
● Quartalsweise Besprechung unter Heranziehung der tatsächlich erreichten Umsätze und Erträge.
● Gegebenenfalls Beteiligung der Mitarbeiter am Erfolg des Unternehmens. Diese Erfolgsbeteiligung könnte wie folgt aussehen:
 – Pro Quartal werden die betriebswirtschaftlichen Ziele festgelegt.
 – Wenn die betriebswirtschaftlichen Ziele erreicht werden, erhalten alle Mitarbeiter der Service-Abteilung eine Prämie, die entsprechend dem Gehalt auf alle Mitarbeiter der Abteilung verteilt wird.
 – Eine stärker leistungsorientierte Entlohnung beinhaltet einen vergleichsweise niedrigen Grundlohn des Mitarbeiters und eine prozentuale Beteiligung **am Rohertrag und nicht am Umsatz des Unternehmens.** Durch eine aussagefähige Buchhaltung lassen sich jederzeit die Wareneinsatzquoten (Materialkosten) ermitteln. Eine Beteiligung am Rohertrag in einer Größenordnung von 10 – 20 % je nach Höhe des Grundlohnes erscheint sinnvoll.
● Die Mitarbeiter müssen über die Abrechnungsform des Leistungslohns genau informiert werden; erst wenn alle einverstanden sind, darf der Leistungslohn eingeführt werden.
● Die Erfahrungen zeigen, daß Mitarbeiter, die ihr eigenes Gehalt beeinflussen können, meistens engagierter bei der Sache sind.

Die Antwort auf die Frage: Leistungslohn „ja" oder „nein"? lautet eindeutig „ja", wenn die Voraussetzungen im Betrieb und bei den Mitarbeitern gegeben sind.

Zusammenfassung zu Kapitel 2.4 und 2.5

Richtwert: Jeder Service-Mitarbeiter muß einen Rohertrag erwirtschaften, der das Doppelte seiner Personalkosten beträgt; erst dann besteht die Chance zur Kostendeckung.

Diese Rohertrags-Ziele gelten für alle Service-Leistungen im Installationsbereich und sogar auch für den Handel.

Wer mehr Geld verdienen will, muß auch mehr Leistung bringen.

Mit jeder Mark Personalkosten fällt nahezu eine weitere Mark an Kosten für „sonstige Aufwendungen" an.

Die Kostenkalkulation für einen Service-Arbeitsplatz sollte mit den Service-Mitarbeitern besprochen werden.

Ein Mitarbeiter mit einem Bruttolohn von DM 3.000,– muß einen Mindest-Stundensatz von ca. DM 58,– verrechnen, nur um seine Kosten zu decken.

Leistungslohn „ja", wenn die notwendigen Voraussetzungen im Betrieb gegeben sind und die Mitarbeiter „mitspielen".

Service-Organisation und weitere Maß- nahmen zur Rendite- Sicherung

3.1 Die richtige Service-Annahme

> **Der erste Telefonansprechpartner des Kunden muß den Serviceauftrag annehmen können.**

Der Vorteil: Der Kunde fühlt sich sofort ernstgenommen, und im Unternehmen werden viele Kosten und Fehler vermieden, die durch unvollständige und falsche Informationsübermittlung entstehen.

Eine optimale Service-Organisation setzt voraus:

- Ein EDV-System, das direkt beim Anruf des Kunden zur Reparatur-Annahme genutzt wird.
- Der Mitarbeiter kann während des Telefonats den Kunden direkt ansprechen und erkennt laut Gerätedatei möglicherweise schon die Daten des defekten Gerätes.

49

Ohne EDV:

Bei Kundenanruf sofort Laufzettel ausfüllen. Und lieber zuviel als zuwenig aufschreiben. Sofern keine EDV-Kundenkarte existiert, in der an Ort und Stelle ein Auftragszettel ausgedruckt wird, muß immer mit dem gleichen Formular gearbeitet werden.

Zuhören ist einfach und auch die einzige Chance, die Informationen zu bekommen, die man braucht, um den Kunden bestens zu bedienen.

Keine Terminzusagen am Telefon!

Ein **Musterbeispiel** für einen **Beleg** zur Auftragsannahme:

DURCHSCHLAG AN KUNDEN AUSHÄNDIGEN

KUNDE / NAME / ADRESSE	DATUM .... UHRZEIT ....
	ANRUF ☐ • WAR IM LADEN ☐
_____	TEL. PRIVAT ....
_____	GESCHÄFT ....
	AUFTRAG ANGENOMMEN VON ....

AUFTRAGSBESCHREIBUNG/FEHLERBESCHREIBUNG _____

GERÄT MARKE / TYPE _____

ZUBEHÖR _____

VORAUSSICHTLICHER TERMIN DER FERTIGSTELLUNG _____

KV   JA ☐   NEIN ☐

ET BESTELLT AM _____ BEI _____ VON _____

REPARATURAUFTRAG ERTEILT: _____
(DATUM / UNTERSCHRIFT KUNDE)

Erste Frage am Telefon, wenn es sich um Braune Ware-Service handelt: „Wann können Sie das Gerät bringen....?"

Aufgrund der Fragestellung (keine Frage, die mit ja oder nein zu beantworten ist!) überlegt der Kunde eher, ob er das Gerät bringen könnte.

Denken Sie stets daran: Fahrtzeiten sind unproduktive Zeiten! Dem Kunden muß aber deutlich gemacht werden, daß die Service-Mitarbeiter selbstverständlich das Gerät holen, daß aber, wenn es gebracht wird, der Auftrag schneller abgewickelt werden kann.

Wollen Sie das Gerät vorbeibringen?....
...Ja, schön, dann können wir noch heute mit der Reparatur beginnen...

Argumentieren Sie nicht mit „kostengünstig" (für den Fall, daß der Kunde das Gerät bringt), sondern argumentieren Sie mit Schnelligkeit bei der Abwicklung!

Jeder Auftrag muß vom Kunden sofort bei Annahme des Gerätes unterschrieben werden!

Manche Kunden reden sich immer wieder heraus, daß sie den Auftrag nicht erteilt hätten. Fehlt aber die Unterschrift auf dem Formular zur Auftragsannahme, wird letztendlich der Betrieb das Nachsehen haben; er kommt in Beweisnot.

Ist dann das reparierte Gerät wieder in Verfügungsgewalt des Kunden, schaut der Betrieb in die Röhre, da er keinen Zugriff mehr darauf hat.

Ja, Grüß Gott, Herr Hinterbörger! Schön, daß Sie anrufen.... Klar machen wir das... Ja, kein Problem! ...mhm... ja, gut... und grüßen Sie Ihre Familie, gell?! Dann bis Mittwoch, Herr Hinterbörger. Auf Wiederhören!

Anrufbeantworter

Wir empfehlen Ihnen, mit Anrufbeantworter zu arbeiten. Damit signalisieren Sie ständige Einsatzbereitschaft. Egon Strom setzt in seinem Betrieb den folgenden Text ein:

Guten Tag, hier spricht..äh..
der Anrufbeantworter von
Elektro Strom.
Bitte geben Sie Namen & Telefonnr. an,
damit Sie zurück werden...geruft... äh... wollen können...?!

"Guten Tag, hier spricht die automatische Auftragsannahme von Elektro Strom. Wir sind gerade für unsere Kunden unterwegs. Sprechen Sie bitten Ihren Namen und Ihre Telefon-Nr. auf Band – wir rufen zurück und kommen dann schnellstens zu Ihnen. Bitte sprechen Sie jetzt".

> **Kostenvoranschläge: Grundsätzlich vorher kassieren!** Dann sind wenigstens die Kosten für die Entsorgung bezahlt, wenn der Kunde das Gerät dann doch nicht reparieren läßt und nicht mehr abholt!

Kostenvoranschläge sind ein leidiges Thema: Um einen Kostenvoranschlag zu erstellen, muß zuerst der Fehler lokalisiert und bestimmt werden. Dann ist der größte Arbeitsaufwand schon getan. Werden keine Kosten für den Kostenvoranschlag verrechnet, passiert es immer wieder, daß die Geräte nicht repariert und nicht abgeholt werden. Die Folge: Der Betrieb muß auch noch die Kosten für die Entsorgung bezahlen.

Die Lösung:

● Schild in den Laden: „Für Kostenvoranschläge berechnen wir pauschal:
  * DM 50,- für Videorecorder,
  * DM 60,- für Fernsehgeräte"
  (wird mit Reparaturpreis verrechnet!)
● Kassieren Sie den Kostenvoranschlag gleich!

In der folgenden Tabelle haben wir die Eckpfeiler des Service-Ablaufs in der Weißen und Braunen Ware aufgeführt.

52

3.2 Die Organisation des Außendienstes

Der richtige Ablauf im Service Weiße und Braune Ware:

Fernsehwerkstatt	*Weißware-Reparaturen*
• Bei der telefonischen Auftragsannahme wird der Auftrag sofort per EDV erfaßt.	• Bei der telefonischen Auftragsannahme wird der Auftrag per EDV erfaßt.
• Das Gerät wurde beim Kunden auf Funktion geprüft, dann meist mitgenommen.	• Kunde unterschreibt Reparaturauftrag in der Rubrik "Auftrag erteilt".
• Kunde unterschreibt Reparaturauftrag in der Rubrik "Auftrag erteilt".	• Funktionsprüfung, dann Reparatur - nur im Einzelfall wird das Gerät mitgenommen.
• Gerät wird mitgenommen, ggf. Leihgerät angeboten.	
--	--
• Reparatur mit anschließender Rechnungsstellung.	• Fertigstellung der Reparatur.
• Anruf beim Kunden, Vereinbarung Liefertermin, "**wie** wollen Sie zahlen?" Reparaturkosten nennen.	• Funktionsprüfung in Gegenwart des Kunden.
• Auslieferung des Gerätes.	
• Funktionsprüfung in Gegenwart des Kunden (er probiert selbst).	
--	--
• Unterschrift auf Reparaturauftrag "Gerät in einwandfreiem Zustand erhalten".	• Unterschrift des Kunden: "Gerät wurde instandgesetzt".
• Rechnung wird präsentiert. "**Wie** wollen Sie zahlen?", ggf. Bankeinzug anbieten: "Dann brauchen Sie nicht extra zur Bank zu gehen".	• Rechnungsstellung in Gegenwart des Kunden.
Wenn nicht bezahlt wird, Gerät wieder mitnehmen.	• "**Wie** wollen Sie zahlen?" ggf. Bankeinzug anbieten. "Dann brauchen Sie nicht extra zur Bank zu gehen".

Wenn bestimmte Kunden ihre Reparaturrechnung nicht bezahlen, dann holen manche Kollegen das Gerät mit dem Vorwand einer „vom Hersteller vorgeschriebenen Sicherheitsprüfung" wieder in die Werkstatt... und liefern es erst wieder zum Kunden, wenn die

Reparaturrechnung bezahlt ist. (Hinweis: diese Vorgehensweise wird nicht vom Autor empfohlen, jedoch von einigen Betrieben praktiziert).

> **Besonders wichtig sind zwei Unterschriften des Kunden:**
> * **„Reparaturauftrag erteilt",**
> * **„Gerät einwandfrei repariert, bzw. instandgesetzt erhalten."**

Betriebe, die konsequent die Reparaturaufträge unterschreiben lassen, haben in der Regel weniger Reklamationen als diejenigen, bei denen auf dem Auftrag die Unterschrift des Kunden fehlt. Einer der Gründe: Kunden, die ihr Recht kennen, wissen, daß der Betrieb in der rechtlich besseren Position ist, wenn beide Unterschriften geleistet wurden.

> **Fernsehservice: Keine Reparaturen beim Kunden !**

Argumentieren Sie beim Kunden:

* „In der Werkstatt haben wir spezielle Meßgeräte und
* Testmöglichkeiten."
* „Wir wollen perfekte Arbeit abliefern, deshalb ist es in Ihrem Interesse, wenn wir das Gerät mitnehmen."
* Abholung und Lieferung der Geräte soll nicht nur dann erfolgen, wenn die Mitarbeiter Zeit haben, sondern wenn der Kun-

Problem gelöst. Trotzdem: Keine Reparatur beim Kunden!

de Zeit hat. Mit Aushilfskräften ist das problemlos möglich. Wir kennen Fachbetriebe, die den Kunden grundsätzlich anbieten, defekte Fernsehgeräte zwischen 17:00 und 21:00 Uhr abzuholen bzw. zu liefern. Studenten sind gerade in größeren Orten bereit, zu diesen Zeiten zu arbeiten.
Aushilfskräfte für diese Tätigkeiten sind flexibel einsetzbar und in der Regel deutlich kostengünstiger als festangestellte Mitarbeiter.

● Da die Hol- und Bringzeiten für Geräte nur sehr schwer an den Kunden weiterzuverrechnen sind (Personalkosten, Kfz-Kosten etc.), muß es das Ziel des Unternehmers sein, die zu reparierenden Geräte vom Kunden bringen und abholen zu lassen. Natürlich ist das nicht immer möglich, aber durch geschickte Kundenansprache (z. B.: „Wann wollen Sie das Gerät bringen?") kann der Betrieb hier durchaus erfolgreich sein. Als zusätzliches Argument könnte angeführt werden, daß so die Reparatur schneller auszuführen ist. Sollte der Kunde aber wünschen, daß das Gerät geholt bzw. gebracht wird, ist dies eine selbstverständliche Dienstleistung des Betriebes.

Aktives Verkaufen durch den Techniker

Nicht nur in den Marketing-Aktivitäten rund um den E-CHECK wird die folgende Vorgehensweise empfohlen.
Wenn der Techniker einmal beim Kunden in der Wohnung ist, muß er die elektrischen Geräte und Anlagen mit offenen Augen analysieren und den Kunden darauf hinweisen, wo Sicherheitsmängel, erhöhter Energieverbrauch, Komfort-Defizite oder andere Mängel vorhanden sind.
Der Techniker oder Monteur soll die erkannten Schwachpunkte auf den Belegen oder Rechnungen, die der Kunde erhält, vermerken. Damit ergibt sich für den Betrieb die Möglichkeit des gezielten Marketings. So werden die Umsatzchancen unter den eigenen Stammkunden genutzt. Im Anschluß: Telefonakquise beim Kunden, oder noch besser: Leistungen sofort verkaufen.

⚡ ELEKTRO · MEISTERBETRIEB

ELEKTRO STROM • OHMSTRASSE 1 • 12345 ELEKTROHAUSEN

REPARATUR-AUFTRAG/	**RECHNUNG**	DATUM
		NUMMER

ZU BEACHTEN: TERMIN:

    CA.   UHR

TEL. PRIVAT   FOLGET:

GESCHÄFT   ☐ GEWÄHRL. ☐ BESTELLUNG

AUFTRAG- / FEHLERANGABEN:

MONTEURBERICHT:

GERÄT: FABRIKAT: TYP: E-NR.:   FD:

ZUBEHÖR: ☐ FB   LEIHGERÄT:

ARBEITSSTUNDEN   MATERIALVERBRAUCH

DATUM	NAME	ANZ./AW	EINZELPREIS	GESAMTPREIS	ANZ.	BEZEICHNUNG	EINZELPREIS	GESAMTPREIS

GERÄT / ANLAGE NACH VDE 0701 GEPRÜFT		KFZ-KOSTENANTEIL	
RÜST- UND FAHRTZEIT		KLEINMATERIAL	
SUMME		ÜBERTRAG ARBEITSZEIT ▬▶	

☐ ARBEITEN ABGESCHLOSSEN   ☐ REP. FERTIG   BENACHRICHTIGT AM:

ZWISCHENSUMME

ZAHLBAR SOFOR T OHNE ABZUG. REKLAMA TIONEN NUR GEGEN VORLAGE DIESES BELEGES.

% MWST

☐ AUFTRAG ERTEILT

RECHNUNGSBETRAG

DATUM / UNTERSCHRIFT KUNDE

☐ REPARATUR ORDNUNGSGEMÄSS AUSGEFÜHRT

☐ BETRAG DANKEND ERHALTEN

DATUM / UNTERSCHRIFT KUNDE   DATUM / UNTERSCHRIFT FA. STROM

DIE GELIEFER TE WARE BLEIBT BIS ZUR RESTLOSEN BEZAHLUNG UNSER EIGENTUM. ES GEL TEN UNSERE LIEFER- UND ZAHLUNGSBEDINGUNGEN. ERFÜLLUNGSOR T UND GERICHTSST AND IST SITZ DES RECHNUNGSAUSSTELLERS.

OHMSTRASSE 1	**TEL.: 01 23 / 4 56 78**	**BANKVERBINDUNG:**	**KTO.-NR. 44 727**
12345 ELEKTROHAUSEN	**FAX: 01 23 / 9 10 11**	**PARK-BANK ELEKTROHAUSEN**	**BLZ 710 510 10**

Ein mustergültiges Beispiel für eine perfekte Gliederung eines Weißware- und Installations-Service-Auftrags.

56

Organisation Service-Werkstatt

Einem anrufenden Kunden, aber auch den Mitarbeitern der Service-Werkstatt, soll ein schneller Überblick über den Stand der Reparaturaufträge ermöglicht werden. Ein Übersichtsbord mit der folgenden Gliederung wird empfohlen:

Auftrag eingegangen noch nicht in Arbeit	Auftrag in Arbeit	Ersatzteil bestellt	Auftrag fertig

Die Laufzettel oder EDV-Ausdrucke werden in diesem Bord, ähnlich wie bei Stechkarten untergebracht. Auf einen Blick kann der Stand der Reparatur erfaßt werden, und der Kunde wird schnell informiert.

Wenn der „typische" Radio-/Fernseh-Techniker schrittweise auch für den Einsatz im Weißware-Service ausgebildet wird, kann die Auslastung des Service-Personals deutlich erhöht werden. Die flexible Einsatzmöglichkeit erlaubt zudem eine effektivere Außendienst-Organisation!

57

Auch wenn den Mitarbeitern, die in beiden Bereichen eingesetzt werden, in der Regel ein höheres Gehalt gezahlt wird, so „rechnet" sich diese Investitionen des Betriebes meist recht gut.

Zusammenfassung zu Kapitel 3.1 und 3.2

Der erste Telefonansprechpartner des Kunden muß den Serviceauftrag annehmen können.

Argumentieren Sie nicht mit „kostengünstig" (für den Fall, daß der Kunde das Gerät bringt), sondern argumentieren Sie mit Schnelligkeit bei der Abwicklung!

Kostenvoranschläge:
Grundsätzlich vorher kassieren! Dann sind wenigstens die Kosten für die Entsorgung bezahlt, wenn der Kunde das Gerät dann doch nicht reparieren läßt und nicht mehr abholt!

Besonders wichtig sind zwei Unterschriften des Kunden:
- **„Reparaturauftrag erteilt",**
- **„Gerät einwandfrei repariert, bzw. instandgesetzt erhalten."**

Fernsehservice: Keine Reparaturen beim Kunden !

Wenn der „typische" Radio-/FS-Techniker schrittweise auch für den Einsatz im Weißware-Service ausgebildet wird, kann die Auslastung des Service-Personals deutlich erhöht werden. Die flexible Einsatzmöglichkeit ermöglicht zudem eine effektivere Außendienst-Organisation!

3.3 Mit der richtigen Rechnungsstellung mehr Geld verdienen

„Wer schreibt, der bleibt". Eine alte Weisheit. Der moderne Fach-betrieb schreibt aber nicht selbst, sondern läßt schreiben und zwar vom Computer. Der schreibt schneller, sauberer und vor allem mehr, und er hat nicht die Krankheit mancher Techniker, die mei-stens zu wenig aufschreiben.

> **Mehr Selbstbewußtsein bei der Rechnungsstellung.**

Es gibt Techniker und Monteure, aber auch Geschäftsinhaber, die bei jeder Rechnung überlegen, wieviel man dem Kunden denn zumuten könne, und nach der Devise argumentieren „viel war ja nicht kaputt". Wer so denkt und arbeitet, ist auf dem besten Weg, das Grab für seine Firma und seinen Arbeitsplatz zu schaufeln. Personen, die so handeln, haben sich meist noch nicht mit ihren Kosten beschäftigt. Wer sich mit seinen betrieblichen Zahlen in-tensiv beschäftigt, der weiß genau, daß eine selbstbewußte Rech-nungsstellung das Wissen um die betrieblichen Kosten voraus-setzt. In der Praxis sehen wir immer wieder, daß Betriebsinhaber und ihre Mitarbeiter, die ihre Kosten kennen, ihre Leistungen und die Preise dafür selbstbewußter vertreten und richtig kalkulieren.

> **Ohne Computer geht es in der Fernsehwerkstatt nicht mehr!**

Weißware-Techniker der Industrie ar-beiten heute bereits mit einem Laptop und einem angeschlossenen mobilen Drucker und erstellen ihre Rechnungen

EDV-Rechnungstellung gehört heute zum professio-nellen Auftritt des Betriebes

59

sofort nach Fertigstellung der Reparatur. Dies hat neben den Vorteilen des Sofortinkassos (siehe vorangegangene Kapitel) auch noch den weiteren Effekt, daß die gesamt verrechenbare Reparaturzeit auch die Zeit der Rechnungsstellung beinhaltet. Sollte es zu einer Reklamation kommen, kann diese vom Techniker sofort behandelt werden und nicht erst eine Woche später, wenn die Rechnung beim Kunden per Post eingetroffen ist.

Rechnungsstellung durch Techniker selbst!

Nur wenn der Techniker sein „Soll" kennt, wird er die „richtigen" Rechnungen schreiben. Zu einer umfassenden Information der Mitarbeiter und zur Einbeziehung der Mitarbeiter in die Verantwortung ist es unerläßlich, daß diejenigen, die Rechnungen ausstellen, auch die Kosten kennen, die der Betrieb zu tragen hat. Zusätzlich ergibt sich für Egon Strom eine erhebliche Zeitersparnis, weil gut informierte Mitarbeiter ihre Umsatz- und Ertragsziele selbst kontrollieren.

Diese Argumente für den EDV-Einsatz in der Werkstatt überzeugen selbst Egon Strom, der vom EDV-Einsatz anfangs nicht allzu begeistert war.

- Der Computer hilft dem Betrieb **angemessene** Service-Preise durchzusetzen.
- Einer EDV-geschriebenen Rechnung glaubt jeder Mensch mehr als einem handgeschriebenen Zettel.
- Der Computer setzt viel Text auf die Rechnung. Je mehr auf der Rechnung steht, desto eher ist ein höherer Preis durchsetzbar (wer schreibt, bleibt).
- Jede Leistung muß einen eigenen Preis haben. Die Rechnung wird dadurch optisch „günstiger".
- Die EDV-Preise sind an der **Stickl-Liste (ARF-Liste)** orientiert, die bundesweit als Orientierungsgrundlage den Fachwerkstätten dient. Außerdem ist die ARF-Liste bei Gerichten als Orientierungshilfe zur Beurteilung der Handwerksleistungen zugelassen.

- Die **Reklamationsquote** ist bei EDV-Rechnungen erfahrungsgemäß **niedriger** als bei handgeschriebenen Rechnungen. Obwohl EDV-Rechnungen in der Regel höhere Preise ausweisen als handgeschriebene, da Leistungen nicht so leicht vergessen werden.
- EDV-Rechnungen sind gut fürs Image des Betriebes.
- EDV-Rechnungen zu schreiben **spart Zeit** gegenüber der Rechnungstellung per Hand.
- **Mit EDV-Rechnungen bleibt mehr Geld in der Kasse.**

Bei Weißware-Reparaturen entscheidet sich Egon Strom zunächst für die Rechnungsstellung per Hand, die aber gleich nach der erfolgreich durchgeführten Reparatur erfolgt. Für die spätere Zukunft will Egon Strom seinen Weißware-Service mit Laptop und Drucker ausrüsten, damit alle Rechnungen auch im EDV-System des Betriebes erfaßt sind.

> **Argument für Gespräch mit Kunden: „Der Computer paßt auf, daß wir nicht zu viel verlangen".**

Natürlich wissen Sie, verehrter Leser, daß dieser Satz in beiden Richtungen gilt, natürlich paßt der Computer auf, damit der Betrieb nicht zu wenig verlangt.
Der Computer hilft, damit die Leistung und nicht die benötigte Zeit verrechnet wird. Auch wenn Sie schnell reparieren, muß der Kunde die Leistung bezahlen.
In der Fernsehwerkstatt sollte nach den gleichen Methoden, nämlich mit Arbeitswerten, kalkuliert werden, wie dies bei den Kfz-Werkstätten schon seit Jahren üblich ist.

Klare Rechnung – gute Freunde. Nach dieser Devise verfährt auch Egon Strom.

Mitarbeiter, die hochqualifiziert sind und ihre Leistung schneller erbringen, kosten meist auch mehr Geld, da sie in einer höheren Gehaltsklasse eingestuft sind. Es wäre betriebswirtschaftlich nicht vertretbar, daß gerade die hochqualifizierten Mitarbeiter weniger Stunden für eine Reparatur verrechnen als diejenigen, die langsamer arbeiten und somit länger brauchen.

> **Wenn der Techniker gut ist, soll das dem Betrieb nutzen, deshalb in der Werkstatt Leistungs- und nicht Zeit-Verrechnung.**

Es wäre wirklich schlimm, wenn der schnell arbeitende Techniker unter dem Strich weniger verrechnet als derjenige, der langsamer arbeitet. Deshalb die Verrechnung nach fest vorgegebenen Leistungseinheiten und nicht nach der Zeit.

Diese Aussage gilt in der Fernsehwerkstatt zu 100%, da die Geräte in der Werkstatt und nicht beim Kunden repariert werden. Im Industrieservice ist die Leistungsverrechnung nicht so leicht durchsetzbar. Dort können die Kunden dafür mit Stundensätzen zwischen DM 75.- und DM 100.- eher umgehen als der Privatkunde.

Erst wenn Leistungen verrechnet werden, verdient der Betrieb, der seine Mitarbeiter laufend fortbildet, mehr als derjenige, der sich diese Kosten spart.

> **Dem Kunden zeigen, daß er etwas geschenkt bekommt.**

- Anfahrt,
- Probelauf,
- Kleinteile sollen in der Rechnung „ohne Berechnung" aufgeführt werden.

Problem Kleinmaterial: Nach geltender Rechtslage ist ein Nachweis für den tatsächlichen Verbrauch von Kleinmaterial erforderlich. Wenn es der Kunde verlangt, ist der Betrieb gezwungen, den Verbrauch von Kleinmaterial im Detail nachzuweisen. Da ist es

schon einfacher und kundenfreundlicher, auf die Verrechnung von Kleinmaterial zu verzichten und dafür alle anderen Leistungen **konsequent** zu verrechnen.
Es gibt in Deutschland verschiedene Anbieter von EDV-Programmen, die bereits sämtliche Ersatzteilpreise sowie sämtliche in der Fernsehwerkstatt anfallenden Leistungen mit Codenummern erfaßt haben. Um die Rechnung vorzubereiten, ist es lediglich notwendig, die Codenummern einzutragen. Der Computer setzt den Text auf den dazugehörigen Preis auf die Rechnung.

> **Wer Technik verkauft, muß auch durch die Form seiner Rechnungsstellung demonstrieren, daß er technisch versiert ist.**

Die glaubwürdige Darstellung von Kompetenz ist nur über eine EDV-erstellte Rechnung möglich. Rechnungen wie die folgende gehören in „Großvaters Kiste".
Rechnungen, wie sie Egon Strom früher schrieb, machen nur Probleme.

Mit einer solchen Rechnung schneidet sich Egon Strom ins eigene Fleisch.

63

- Sollte der Kunde nicht bezahlen wollen, dann wird die Firma in die Röhre schauen. Grund: Wenn der Kunde nicht erkennt, welche Leistung erbracht wurde, ist der Betrieb in Beweis-Notstand.
- Die Rechnung vermittelt keinerlei Kompetenz.
- Bei dieser Rechnungshöhe muß die MwSt. separat ausgewiesen werden.
- Der altmodische Firmenschriftzug und das altmodische Formular sind imageschädlich für Egon Strom (inzwischen hat er ein neues Logo und eine neue Firmenausstattung gestalten lassen).

Einige EDV-Programme für Installationsbetriebe verfügen über Module für den Service. Ob ein Programm für den Service geeignet ist, können Sie mit folgenden Fragen klären:

- Sind die Service-Leistungen mit Code-Nr., Text und Arbeitswert (AW) bereits fest im Programm installiert?
- Sind die gängigsten Ersatzteile ebenfalls mit Text und Preis als fester Programmbestandteil integriert?

Beide Fragen müssen mit „ja" beantwortet werden.
Wenn der Techniker die Rechnungstellung über EDV durchführen soll, so muß er auch in die EDV-Entscheidung, mit welchem Programm gearbeitet wird, einbezogen werden. Wie eine mustergültige Rechnung gegliedert sein soll, ist der folgenden Seite zu entnehmen, dem Beispiel der fiktiven Firma Trommel.

Mehr Akzeptanz vom Kunden durch eine gut gegliederte Reparaturrechnung

- Die Arbeitsschritte sind einzeln aufgeführt, der Kunde erkennt eine umfangreiche Leistung.
- Jede Leistung hat einen eigenen Preis. Die Rechnungshöhe ist damit leichter erklärbar.
- Für bestimmte Leistungen werden keine Kosten verrechnet – damit zeigt der Betrieb Kulanz (z. B. "Kleinteile").
- Bei der Kalkulation wird auf die Richtwerte der "Stickl-Liste"

Service-Station

TV-Video-HiFi-Meister-Service

Inh. Karl Trommel
Steckerstr. 8
00815 Kabelstadt

rrn   Tel.: 0 12 34 - 56 78 90
ter Hase   Bank: Sparkasse Kabelstadt
hsenstr. 15   Kto. 47 11 08 15 (BLZ 111 222 33)

2321 Eselsberg

rvice-Rechnung Nr. 9600075 (Bitte bei Zahlung angeben)

| erät: | Metz Kreta BR Color 69/72 cm Text | SN: 93599/88745 |
| ehler: | Kein Bild und kein Ton | ZUB: - |

ezeichnung	Anzahl	Preis	Gesamt
erät abgeholt			18,00
erät auseinandergebaut			11,10
erät entstaubt und gereinigt			7,40
chaltungsmessung in der Horizontalendstufe durchgeführt			62,40
urzschluß beseitigt			0,00
efekten Transistor ausgetauscht			14,80
efekten Widerstand erneuert, eingelötet			11,10
etriebsspannungen lt. Hersteller eingestellt			18,50
icherheitsprüfung nach VDE-Vorschrift			14,80
erät wieder zusammengebaut			11,10
ender neu programmiert			11,10
robelauf durchgeführt			0,00
erät zugestellt			18,00
aterialverbrauch:			
V-Leistungstransistor Typ BU	1,00	20,88	20,88
iderstand 2W	1,00	2,88	2,88
leinmaterial (Reinigungsmittel)	1,00	5,50	0,00
wischensumme	Netto		222,06
	MwSt		33,30
N D B E T R A G	DM		255,36

**** Serviceleistungen sind sofort zahlbar *****

erät ordnungsgemäß erhalten........Betrag in/durch......dankend erhalten ....

****
---------- Sparvertrag für Elektrogeräte? ----------
------- Fragen Sie uns nach der Wertgarantie -------
****
igentumsvorbehalt bis zur vollständigen Bezahlung! Vielen Dank für Ihren Auftrag

65

zurückgegriffen. Die Kalkulation hält jeder Überprüfung stand.

- Der Einsatz eines speziellen Service-EDV-Programmes spart erheblich Zeit und demonstriert ein modernes Unternehmen.
- Die Rechnung wird als Werbeträger verwendet (Werbung für die Reparatur-Versicherung).
- Auf jeder Rechnung ist grundsätzlich die VDE-Prüfung (E-CHECK) aufgeführt. Diese muß der Betrieb aus rechtlichen Gründen durchführen, hier z. B. mit DM 15,– pauschal.
- Die Rechnung wird von der Person erstellt, die repariert hat.

> **Jede Reparatur sofort bei Auslieferung kassieren!**

Umsatzkontrolle für jeden Techniker?

Die meisten EDV-Systeme zur Rechnungstellung beinhalten spezielle Techniker-Auswertungen, nach denen festgestellt werden kann, welche Umsätze von welchem Mitarbeiter geleistet werden. Wir raten davon ab, die Mitarbeiter nur nach ihren Einzelumsätzen zu beurteilen. Für die interne Analyse sind diese Zahlen sicherlich geeignet, zur Anspornung der Mitarbeiter eher nicht, da dann die Gefahr besteht, daß die Mitarbeiter nur die „schnelle Mark" im Auge haben, und um die wirklich kniffligen Problemfälle kümmert sich dann keiner.

Sofort-Inkasso spart bares Geld

Wenn Sie eine Rechnung per Post versenden, kostet das mindestens DM 10,– mehr als bei einem Sofort-Inkasso!
Die Vorteile bei Sofort-Inkasso einer Rechnung über DM 200,– rechnet sich Egon Strom aus, und es geht ihm ein Licht auf.

Sofort-Inkasso ist eine Möglichkeit

- Kosten zu sparen,
- die Verwaltung zu vereinfachen und damit
- die Gewinne zu steigern, wie das folgende Beispiel eindrucksvoll dokumentiert:

Kostenersparnis bei Sofort-Inkasso		*DM je Rechnung*
- Zinsersparnis, das Geld ist gleich am Konto	DM 200,- x 1 % =	2,00
- keine Portokosten		1,00
- keine Überwachung des Zahlungseingangs	Zeitaufwand =	2,00
- keine Mahnungen (Porto- und Zeitaufwand)		2,00
- weniger Ausfälle	wenn von 100 Rechnungen eine nicht bezahlt wird, Verlust =	2,00
- einfachere und billigere Buchführung	Buchungskostenersparnis	1,00
Summe je Rechnung mindestens		**10,00**

Egon Strom wird bei dieser Berechnung stutzig. Wenn er pro Tag nur eine Rechnung mehr sofort kassiert, hat er pro Jahr über DM 2.500,– mehr Gewinn erreicht. (250 Tage x DM 10,–). Bei zwei Rechnungen pro Tag sind das DM 5.000,-, bei drei Rechnungen pro Tag DM 7.500,– pro Jahr usw.

Gleich bei Geräte-Auslieferung Einzugsermächtigung oder Überweisungsträger unterschreiben lassen!

Das Argument, das die Mitarbeiter von Egon Strom gegenüber den Kunden verwenden, ist: „ *...dann brauchen Sie nicht selbst zur Bank zu gehen ...".*

Sofort kassieren spart DM 10,– je Rechnung

67

Gleich kassieren wird damit zur Serviceleistung für die Kunden. Obwohl Elektro Strom seine Kalkulation nach oben angepaßt hat, also mehr Geld verdient, ist die Reklamationsquote zurückgegangen.

Das führt er auf folgende Faktoren zurück:

- Die Leistungen sind klar aufgeführt und verständlich.
- Die Rechnung wird gleich kassiert - ggf. Bankeinzug.
- Die Mitarbeiter im Service kennen ihre Umsatzziele und wissen, wie kalkuliert werden muß, um die Kosten zu decken. Sie treten selbstbewußt auf und vertreten die Rechnung gegenüber dem Kunden.

Kennen Sie die Geschichte vom dem „schlauen Fuchs und vom blöden Hund". Und wissen Sie auch, daß ein „schlauer Fuchs" manchmal ein „blöder Hund" ist?

Die Erklärung ist einfach.

- Der „schlaue Fuchs" findet den Fehler schnell und repariert zügig.
- Der „blöde Hund" findet den Fehler nicht und braucht sehr lange mit der Reparatur.

Schnell reparieren und die Leistung verrechnen bringt dem „schlauen Fuchs" die bessere Rendite.

68

Der „schlaue Fuchs" ist aber ein „blöder Hund", wenn er schnell und zügig repariert und nur seine Zeit verrechnet. Der „blöde Hund" kann auch ein „schlauer Fuchs" sein, wenn er seine Zeit (er braucht ja länger) verrechnet und nicht seine Leistung (ob er aber den Preis für die benötigte Zeit beim Kunden durchsetzt, kann ernsthaft bezweifelt werden). Die Systematik der Leistungsverrechnung ist der Standard in der Fernsehwerkstatt. Die Systematik der Leistungsverrechnung in der Weißware und im Industrieservice kann dann zum Standard werden, wenn die Service-Mitarbeiter nach Fertigstellung der Reparatur beim Kunden per EDV die Rechnung gleich erstellen.

> **Rechnungsstellung sofort! Wenn das in Ihrem Betrieb schon der Standard ist, dann brauchen Sie jetzt nicht weiterlesen..**

Das richtige Mahnwesen

Mit jedem Tag, an dem die Kunden ihre Rechnung nicht bezahlen, steigt das Risiko, daß der Betrieb auf seiner Forderung sitzen bleibt. Ein konsequentes Mahnwesen zeigt den Kunden, daß der Betrieb nicht nur ordentlich arbeitet, sondern auch gut organisiert ist.

Nach 14 bis 21 Tagen die 1. Mahnung

Guten Tag, sehr geehrter Kunde,

wir wissen selbst, wie leicht man im Tagestrubel einmal etwas übersehen kann. Dürfen wir Sie höflich an die Begleichung unserer Rechnung vom ...... erinnern?
Wir bitten Sie, den offenen Betrag in Höhe von DM 293,45 in den nächsten Tagen zu begleichen.

Wir grüßen Sie ganz herzlich
Ihr Service-Spezialist...

69

Nach 28 bis 35 Tagen die 2. Mahnung

Guten Tag, sehr geehrter Kunde,

sicherlich ist Ihnen entgangen, daß unsere Rechnung vom .... bis heute noch nicht beglichen ist.
Der noch offene Betrag beläuft sich auf DM 293,45.
Bitte überweisen Sie den Betrag innerhalb der nächsten 8 Tage auf eines unserer untenstehenden Konten.
Sollte der Betrag schon beglichen sein, dann bitten wir Sie, unsere Erinnerung als gegenstandslos zu betrachten. In diesem Fall teilen Sie uns bitte mit, wann und auf welchem Weg die Rechnung beglichen wurde.

Mit freundlichen Grüßen
Ihr Service-Spezialist

Spätestens nach 2 Monaten Mahnung mit Fristsetzung

(Schreiben Sie bitte nicht: „Das ist unsere letzte Mahnung". Der Kunde könnte aufatmen und sagen: „Gottseidank, jetzt geben sie Ruhe").

Sehr geehrter Kunde,

nachdem wir Sie bereits zweimal an die Bezahlung unserer Rechnung vom .... erinnert haben und der offene Betrag über DM 293,45 bis heute noch nicht bei uns eingegangen ist, bedauern wir, Ihnen eine letzte Frist zur Bezahlung bis zum...... (14 Tage später) setzen zu müssen.
Wenn der offene Betrag dann immer noch nicht bei uns eingegangen ist, müssen wir das gerichtliche Mahnverfahren einleiten.
Bitte ersparen Sie sich und uns diese Kosten und Unannehmlichkeiten.

Mit freundlichen Grüßen
Ihr Service-Spezialist

Wenn die Rechnung nach 14 Tagen immer noch nicht beglichen ist, stellen Sie den Auftrag, die Rechnung und die bisherigen Mahnungen zusammen, und beantragen Sie beim Amtsgericht einen Mahnbescheid. Die Alternative: Sie übergeben die o. a. Unterlagen Ihrem Rechtsanwalt, der alles weitere veranlassen wird. Hinweis: Gute Karten haben Sie aber nur dann, wenn der Kunde den Reparaturauftrag unterschrieben und auch durch seine Unterschrift bestätigt hat, daß er das Gerät einwandfrei repariert zurückbekommen hat.

Zusammenfassung zu Kapitel 3.3

Mehr Selbstbewußtsein bei der Rechnungsstellung.

Ohne Computer geht es in der Fernsehwerkstatt nicht mehr.

Rechnungsstellung durch Techniker selbst!

Argument für Gespräch mit Kunden: "Der Computer paßt auf, daß wir nicht zu viel verlangen".

Dem Kunden zeigen, daß er etwas geschenkt bekommt.

Wer Technik verkauft, muß auch durch die Form seiner Rechnungsstellung demonstrieren, daß er technisch versiert ist.

Jede Reparatur sofort bei Auslieferung kassieren!

Gleich bei Geräte-Auslieferung Einzugsermächtigung oder Überweisungsträger unterschreiben lassen!

Rechnungstellung sofort nach Abschluß der Reparatur!

3.4   Die richtige Personal-Organisation reduziert Streß

Personal-Führung und Personal-Management sind Faktoren, die an oberster Stelle für den Erfolg im Service stehen (der Chef kann nicht alles selber machen – wer anderes glaubt, ist auf dem Holzweg). Das wird allein durch folgende Überlegung deutlich:

„Wie viele Kundenkontakte hat der Chef, wie viele die Mitarbeiter?"

Meist sind es die Mitarbeiter, die häufigere Kundenkontakte aufweisen und damit zu den wichtigsten Botschaftern des Betriebes werden.

Die Voraussetzung einer gut funktionierenden Serviceabteilung ist es, daß der Unternehmer seinen Mitarbeitern Ziele delegiert, ihnen aber auch bei der Erreichung der Ziele möglichst große Freiheiten läßt.

Technisch versierte Mitarbeiter sind das Kapital jedes Handwerksbetriebes.

Wenn Mitarbeiter die Interessen des Unternehmens vertreten sollen, müssen sie aber auch über betriebliche Zusammenhänge informiert sein.

Arbeitsanleitung

Prüfen Sie einmal anhand der folgenden Checkliste, ob Ihre Service-Werkstatt nach den Anforderungen eines modernen Managements organisiert ist.

Checkliste Mitarbeiter-Information	*trifft zu*	*teils/ teils*	*trifft nicht zu*
Meine Service-Mitarbeiter kennen die von ihnen verursachten Kosten			
Die Service-Mitarbeiter sind in die wichtigsten betriebswirtschaftlichen Zahlen ihrer Abteilung eingeweiht und können selbst nachvollziehen, wie rentabel sie arbeiten			
Die Rechnungsstellung erfolgt durch den Service-Mitarbeiter selbst			
Die Service-Mitarbeiter haben Mitspracherecht bei der Service-Werbung			
Die verantwortlichen Service-Mitarbeiter besitzen Stellenbeschreibungen und wissen damit genau, was von ihnen erwartet wird			

Kompetenzprobleme, -streitigkeiten und Fehlverhalten von Mitarbeitern haben ihre Ursache oft in nicht klar definierten Anweisungen und Erwartungen an den Mitarbeiter. Stellenbeschreibungen im Umfang von maximal einer DIN A4 Seite helfen den Vorgesetzten und den Mitarbeitern, besser miteinander auszukommen.

Auf der folgenden Seite haben wir eine Muster Stellenbeschreibung für einen Werkstattleiter beigelegt, anhand derer Sie erkennen können, welche Kriterien zur Erstellung einer Stellenbeschreibung herangezogen werden.

Stellenbeschreibung

Beispiel für die Stellenbeschreibung des Service-Meisters Ludwig Ampère bei der Firma Elektro Strom

Bezeichnung:	Abteilungsleiter Service
Ziel der Stelle:	Den reibungslosen Ablauf der Service-Abteilung sicherstellen. Zufriedene Kunden und Erträge in dieser Abteilung langfristig sichern.
Aufgaben:	Organisation der Abteilung. Reparaturdurchführung, z. T. beim Kunden, z. T. in der Werkstatt und Abrechnung. Überwachung der Auszubildenden. Verantwortlich für den Erfolg der Service-Abteilung.
Qualifikation des Stelleninhabers:	Elektro- und Radio-/Fernsehtechniker. Mindestens Elektro-Meister. Mindestens 5 Jahre Berufserfahrung. Soll Spaß am Umgang mit Kunden haben.
Tätigkeiten im Einzelnen:	Während der Anwesenheitszeit in der Werkstatt: Annahme von telefonischen Reparaturaufträgen.
	Durchführung der Reparaturen beim Kunden und in der Werkstatt. Abholung und Lieferung der Geräte.
	Selbständige Erstellung der Rechnungen unter Beachtung der geplanten Ertragsziele.
	Verantwortlich für die Ausbildung des Service-Azubis.
	Materialeinkauf und Auswahl kostengünstiger und zuverlässiger Lieferanten.
	Verantwortung für Einhaltung der Kostenplanung.
	Verwaltung Ersatzteillager, Ordnung Ersatzteillager
	Auslieferung der im Laden verkauften Neugeräte und Durchführung sowie Abrechnung von Garantiereparaturen.
	Mitsprache bei der Service-Werbung.
	Trifft Investitionsentscheidungen bis DM 2.000,- pro Jahr eigenverantwortlich.
	5 bis 8 Tage technische Fortbildung pro Jahr nach Betriebsbedarf.
Vorgesetzter:	Betriebsleiter Egon Strom.
Weisungsbefugt gegenüber:	Dem Auszubildenden der Abteilung Service.
Stellvertr. des Stelleninh.:	Leiter der Installationsabteilung.
Der Stelleninhaber vertritt bei Verhinderung:	Leiter der Installationsabteilung.
Folgende Informationen müssen weitergeleitet werden:	Übergabe-Protokolle für Auslieferung Neugeräte und Garantiereparaturen an den Leiter des Verkaufs.
	Alle erstellten Service-Rechnungen an die Buchhaltung.
	Pro Quartal eine Besprechung über die betriebswirtschaftlichen Ergebnisse der Abteilung m dem Betriebsleiter

74

Mit gezielter Fortbildung Zukunft sichern

Wer im Unternehmen hat das meiste Wissen? Und wird dieses „Genie" eingesetzt, um produktiv zu arbeiten, oder um sein Wissen an die Kollegen weiterzugeben? Egon Strom hat erkannt, daß das Wachstum seines Unternehmens in den Köpfen der Mitarbeiter beginnt.

Wachstum des Unternehmens beginnt in den Köpfen der Mitarbeiter. Deshalb regelmäßige interne Fortbildung.

Für die Fortbildung legt er fest:

6 Tage externe Schulung z. B. bei der Industrie und eine Stunde pro Woche intern.

Die interne Schulung findet immer am gleichen Wochentag und zur gleichen Uhrzeit statt, damit sich die Mitarbeiter darauf einstellen können. Damit investiert der Betrieb gerade mal 3% der Jahresarbeitszeit in Fortbildung. Das rentiert sich auch, weil in vielen Betrieben mehr als 10% der Arbeitszeit verschwendet wird, um Fehler zu reparieren. Wenn durch die Fortbildung die Fehlerquote um die Hälfte zurückgeht, hat der Betrieb ein gutes Geschäft gemacht.

75

Arbeitsnachweise: Instrument der Selbstkontrolle für die Mitarbeiter

Eine Methode, die verwendete Zeit des Mitarbeiters transparent zu machen und vor allem, um die benötigten Zeiten konsequent weiterzuverrechnen, könnte eine Liste in der folgenden Form sein. Das Stundenbuch:

Tag	Uhrzeit	Kunden / Leistung	verrechnet DM
01.06.98	8:00 - 9:30	Kurzschluß bei Kunde Maier. Leitungsmessungen durchgeführt, neue Leitung verlegt, E-Check gemacht.	157,50
	9:30 -10:30	Zu Kunde Huber gefahren, Waschmaschine geprüft, Flusensieb gereinigt – Rechnung incl. Fahrtkosten gleich gestellt.	99,30
	10.30 ...	....	....

3.5 Service-Werbung: Nicht nur Service bieten – auch bewerben!

Das Firmenauto als Werbeträger

Egon Strom erkennt, daß sich nur auffallend beschriftete Fahrzeuge von der Masse abheben. Das Firmenfahrzeug ist eine rollende Litfaß-Säule und damit ein äußerst wichtiger Werbe- und Image-Träger für den Betrieb.
Gemeinsam mit Ludwig Ampère überlegt Egon Strom, wieviele Kundenkontakte das Service-Fahrzeug von Ludwig Ampère pro

Tag hat. Beide sind der Meinung, daß Kfz-Beschriftungen und eine wöchentliche Anzeige für DM 50,– etwa die gleiche Wirkung haben.

> **Ein gut beschriftetes Service-Fahrzeug kann demnach die gleiche Aufmerksamkeitswirkung erzielen wie Anzeigenwerbung, die DM 2.500,- pro Jahr kostet.**

Arbeitsanleitung

Analysieren Sie Ihren Fuhrpark anhand der folgenden Checkliste.

Checkliste für den Fuhrpark	*ja*	*nein*
Fahrzeuge werden regelmäßig auf den äußeren Zustand überprüft (Schmutz, Rost)		
Sämtliche Firmenfahrzeuge sind mit Firmenzeichen, Betriebsstandort und Telefonnummer beschriftet.		
Einheitliche Linie bei der Beschriftung aller Fahrzeuge ist vorhanden.		
Je nach Wetter bis zu 1 x pro Woche eine Autowäsche.		
Sind die Fahrzeuge in der Fahrerkabine und im Transportraum ordentlich aufgeräumt?		
Auch das Privatfahrzeug des Unternehmers ist auffällig und im Firmenstil beschriftet.		
Werden Firmenwagen an Wochenenden gut sichtbar, z. B. am Straßenrand, geparkt?		
Bei Servicefahrten darf das Firmenauto nicht durch Rücksichtslosigkeit, sondern durch angemessenen Fahrstil und vorschriftsmäßiges Parken auffallen.		
Die technische Ausstattung und die Optik des Fahrzeugs sind Werbung für die Firma (im Positiven).		
Das Service-Auto (und ggf. die Baustellen-Fahrzeuge) sind mit Funk ausgestattet, um schnell reagieren zu können.		

Egon Strom erkennt, daß seine Firmenfahrzeuge zweierlei Bedeutung haben:

1. Werbeträger

Wenn es gelingt, das Firmenemblem so unverwechselbar zu gestalten, daß auch ein potentieller Kunde auf dem vorbeifahrenden Auto erkennt, um welche Firma es sich handelt, so ist das Ziel seiner Kfz-Beschriftung erreicht.

Egon Strom beauftragt seine Werbeagentur, einen Vorschlag für die Fahrzeugbeschriftung auszuarbeiten. Die komplette Adresse auf dem Fahrzeug ist dabei weit weniger wichtig als eine gut lesbare Service-Telefonnummer. Konsequent wäre es auch, auf dem Firmenauto auf den E-Check hinzuweisen

2. Imageträger

Aus dem ordentlichen Zustand des Fahrzeugs, der Sauberkeit, kann der Kunde Rückschlüsse auf die Arbeitsqualität des Betriebes ziehen. Alle Mitarbeiter werden bei der nächsten Mitarbeiterbesprechung auf diesen Tatbestand hingewiesen.

Es wird festgelegt,

● daß die Firmenautos diesen Qualitätsanforderungen entsprechen müssen und
● welcher Mitarbeiter dafür verantwortlich ist.

Egon Strom beschließt, die Firmenautos am Wochenende nicht mehr in der hintersten Ecke seines Betriebsgeländes zu parken, sondern die Fahrzeuge werden nebeneinander aufgereiht und so geparkt, daß sie aus vorbeifahrenden Autos erkannt werden: Ein Mosaikstein für einen attraktiven Marktauftritt des Betriebes. Und: Ein auffälliger Standort der Autos bedeutet für den Betrieb kostenlose Werbung. Bei den zukünftigen Firmenautos achtet er darauf, daß diese grundsätzlich in der gleichen Farbe angeschafft werden und von der gleichen Herstellerfirma stammen (dann läßt das Autohaus besser mit sich verhandeln).

> **Kfz-Bezugsschein seiner Kooperation bringt Zusatz-Rabatt!**

Vor jedem Kauf eines neuen Firmenautos besorgt sich Egon Strom einen Kfz-Bezugsschein über seine Kooperation. Das spart ihm bei jedem Firmenauto zusätzlich einen Tausender bei der Anschaffung.

Mit dem Kfz-Bezugsschein spart Egon Strom beim Kauf glatt einen Tausender

> **Mitarbeiter als Verkehrsrowdies machen alle Bemühungen zunichte.**

Wer hat es nicht schon selbst erlebt? Die Mitarbeiter von Betrieben behandeln ihre Fahrzeuge, daß einem angst und bange werden könnte. Es wird nur mit Vollgas und schleifender Kupplung

Angepaßte Fahrweise der Mitarbeiter - Werbung für den Betrieb

losgefahren; im Verkehr wird kräftig gehupt, und die Fahrweise ist rücksichtslos!
Auf diese Weise wird für den Betrieb mehr kaputt gemacht, als anderswo durch größte Anstrengungen wieder aufgeholt werden kann.

> **Konzentration auf weniger Fabrikate im Verkauf erleichtert den Service.**

Wer heute 20 verschiedene Fabrikate verkauft bzw. verarbeitet, steht morgen vor unlösbaren Problemen im Service. Für den Fachbetrieb ist es notwendig, auch Geräte zu reparieren, die der Kunde woanders gekauft hat. Dies ist eine wesentliche Service-Leistung. Die Erfahrungen zeigen, daß bei typischen Fachgeschäften 2/3 des Reparaturanfalls Geräte ausmachen, die der Betrieb in den letzten Jahren selbst verkauft hat, 1/3 sind unter „Fremdgeräte" einzustufen.

Sie ahnen schon: wer in der Vergangenheit ständig seine Stamm-
fabrikate im Verkauf gewechselt und dazu immer wieder „Exo-
ten" verkauft hat, muß seine inkonsequente Verkaufspolitik irgendwann einmal bitter büßen. Er wird mehr Aufwand im Service
haben und damit höhere Kosten. Die schnelle Mark, die er beim
Verkauf erzielt hat, zahlt er jetzt doppelt und dreifach wieder
drauf, da die Reparaturen zeitaufwendig und die benötigten Ersatzteile nicht immer greifbar sind.
Konzentration im Verkauf auf weniger Fabrikate verschafft nicht
zu unterschätzende Vorteile im Service:

- Mehr Gewinn im Service durch schnellere, effektivere Repara-
  turen bei gleichzeitig „normaler" Kalkulation,
- Mehr Spanne, d. h. mehr Rohertrag im Verkauf,
- Geringere Lagerhaltungskosten im Verkauf,
- Ein erheblich geringerer Verwaltungsaufwand, da mit weniger
  Lieferanten und Fabrikaten gearbeitet wird.

Vermarktung der Service-Leistung

Für Elektrounternehmen besteht immer wieder der Konflikt und
die Frage: „Welche meiner Leistungen soll ich bewerben?".
Die Elektrotechnik ist eine erklärungsbedürftige Dienstleistung,
die man kaum in wenigen Worten erläutern kann.
Wer den Versuch unternimmt, in der Werbung technische Zusammenhänge zu erläutern, ist auf dem Holzweg. Den Kunden interessieren keine technischen Details, sondern er will den Nutzen
der Elektronik für sich selbst erkennen. Argumente wie „Sicherheit", „Komfort", „Zuverlässigkeit" zählen dabei viel mehr als
technische Details. Mit der Bewerbung seiner Serviceleistungen
ist der Fachbetrieb darüberhinaus nicht in Erklärungsnotstand,
denn Service braucht jeder.

Werbung mit Produkten bedeutet harter Wettbewerb

Gerade kleinere Fachbetriebe sehen sich im Verkauf mit dem
preisaggressiven Wettbewerb der Großbetriebsformen konfrontiert.

Der kleinere Betrieb hat in den Bereichen Produktauswahl und Markenvielfalt keine Chance, sich gegenüber Großbetriebsformen zu profilieren; viele haben deshalb schon aufgegeben.
Da aber gerade im Bereich der Braunen Ware etwa 90 % der Neukäufe von Fernsehgeräten Ersatzbedarf sind, muß die Werbung des Fachbetriebes darauf gerichtet sein, den Kunden in dem Moment anzusprechen, in dem Ersatzbedarf entsteht; d. h., wenn das Gerät nicht mehr funktioniert.
Die Lösung für den Fachbetrieb:

Service-Werbung! Damit steht die Leistung und nicht der Preis im Vordergrund.

Langjährige Stammkundenbeziehungen werden immer weniger wert, die Kunden vagabundieren. Wer sich nur auf Stammkunden verläßt und bei der Werbung spart, könnte morgen schon mit leeren Händen dastehen.
Kreative, auffällige und spezielle Service-Werbung ist wichtiger denn je – so lassen sich auch neue Kunden gewinnen und der bestehende Kundenstamm festigen.
Auch die Großbetriebsfirmen haben inzwischen erkannt, daß der Service ein Feld ist, in dem sie zusätzliche Kunden erreichen können. Es fehlt (noch) an der Glaubwürdigkeit der Großfläche, wenn es um Serviceleistungen geht.
Die Chance der kleineren und mittleren Betriebe liegt darin, ihre örtliche Nähe zum Kunden auszunutzen und massiv mit Serviceleistungen zu werben. Nicht die Werbung mit Geräten und Preisen (die von der Großfläche oft unterboten werden können), sondern die Werbung mit der Dienstleistung muß für mittelständische Unternehmen im Vordergrund stehen.
Eines der wesentlichen Argumente der Kunden des Betriebes für den Einkauf vor Ort ist die Service-Leistung des Unternehmens.
Viele Unternehmer stehen auf dem Standpunkt: „Die Leute kennen mich und wissen, was wir können". Auch Egon Strom war in diesem Gedanken gefangen, hat aber jetzt erkannt, wie wichtig Service-Werbung für die Zukunft seines Unternehmens ist.

Er legt fest:

- Service-Kleinanzeigen werden regelmäßig geschaltet und
- 4 x pro Jahr wird ein Service-Flugblatt, auf dem er seine Mitarbeiter vorstellt und seine Service-Leistungen präsentiert, verteilt.

Die Vorstellung seiner Mitarbeiter in der Werbung bedeutet Motivation für sein Team.

So sieht die Service-Werbung von Egon Strom aus

Weitere Service-Werbeaktivitäten

© Copyright für alle Vorlagen: Werbeagentur Heckner, 84556 Kastl/Obb.

85

Betriebe, die sich für diese Service-Werbung interessieren, können Anzeigen-Vorlagen über die Werbeagentur Heckner, Bergstr.11, 84556 Kastl/Obb., Tel.: 0 86 71 - 1 30 16, Fax 1 30 93 beziehen. Das Archiv der Werbeagentur Heckner verfügt u. a. über mehr als 200 verschiedene Anzeigenmotive zum Thema Service.

Telefonbuch-Werbung

Es gibt Branchen, in denen 50 % der Aufträge aus dem Kontakt über das Branchenbuch resultieren. Im unmittelbaren Einzugsgebiet ist es für Elektro-Serviceunternehmen ein absolutes Muß, sich im Telefonbuch zu präsentieren. Ein gestalteter Eintrag in den „gelben Seiten" bringt einen nicht zu unterschätzenden Werbeeffekt mit sich. Denn, wie Egon Strom aus eigener Erfahrung weiß: Die Firma, welche beim Durchblättern zuerst ins Auge fällt, wird meistens auch zuerst angerufen.

Ein potentieller Kunde, der sich über das Telefonbuch oder die "gelben Seiten" einen Service-Fachbetrieb sucht, kann nicht wissen, was sich hinter einer nüchternen Telefonnummer verbirgt. Ein Eintrag, der ins Auge sticht:

130 Elektroinstallationsbetriebe

- **Bobelberg (01 31)**
Holzmaier P. Im Berg 6 .... 4 12

- **Christhausen (01 43)**
Meier R. Johannesplatz 5 .... 4 25
Stelzer F. Stadtpl. 91 .... 18 70
Vornehm G. Gmaidl 85 22

- **Daubling (01 44)**
Mihaljevic A. Simbacher-11 .... 12 34
Schindler C. Unn-1 ....58 85

- **Deußdorf (01 32)**
Reichenberger B. Ober-4 ....
Ruch O. Stadtplatz 5 ....
Salz M. Unter-4
Spie"

- **Drubling (01 22)**
Walser A. Kufsteiner-55 ....22 21

- **Elektrohausen (01 23)**

- **Fischbach (01 07)**

- **Gundelberg (01 24)**
Baitz GmbH Hofberg 13 ....
Brundel G. Berg-11 ....

- **Kirchen (01 20)**
Hamster M. Petzi-1 ...
Schwab G. Jadeb'

Kosten des Eintrags für ein Jahr ca. DM 1.300,-.

86

> **Je spezieller das Angebot, desto wichtiger ein Telefon-buch-Eintrag.**

Wenn ein Betrieb sich in bestimmten Marktsegmenten speziali-siert, dann ist der Telefonbucheintrag wichtiger als bei Betrieben, die eine breite Leistungspalette ohne Spezialisierung aufweisen.

Ideen der Mitarbeiter nutzen

Egon Strom lädt seine Meister und Abteilungsleiter einmal pro Jahr zu einer Werbe-Besprechung ein. Er führt seinen "Werbe-Workshop" durch. Das Ziel: seine Mitarbeiter einbeziehen, wenn es um betriebliche Entscheidungen geht.

> **Service-Werbe-Workshop: Die Mitarbeiter zu Wort kommen lassen.**

WERBEWORKSHOP
Bitte nicht stören —!

Die Ideen der Mitarbeiter einbeziehen bedeutet die Mitarbeiter zu motivieren.

Das Ergebnis der Besprechungen ist der Service-Werbeplan für's komplette Jahr.

Referenzen: das überzeugendste Argument bei technischen Dienstleistungen.

Um mit neuen Kunden ins Geschäft zu kommen oder bestehenden Kunden neue Dienstleistungen anzubieten, sind Referenzen das beste Argument.

Egon Strom hat sich deshalb eine Referenzmappe zusammengestellt. Darin sammelt er:

- Schreiben seiner zufriedenen Kunden
- Fotos seiner Mitarbeiter bei der Arbeit in den speziellen Bereichen.
- Urkunden und Diplome, mit denen seine Kompetenz unterstrichen wird.
- Konkrete Produkt-Angebote.
- E-CHECK und anderes Werbematerial.

Mit seiner Referenzmappe schindet Egon Strom nicht nur Eindruck, der viel wichtigere Effekt für ihn ist: der Kunde gewinnt schneller Vertrauen zu seiner Firma, kommt schneller zum Abschluß, und seine Abschlußquote für neue Aufträge steigt damit

Werbeplan

Wochentag	Januar	Februar	März	April	Mai	Juni	Juli	August	September	Oktober	November	Dezember
Mo	1 IMAGEWERBUNG -ANZEIGE-			1			1					
Di	2			2			2			1		
Mi	3			3 IMAGEWERBUNG -ANZEIGE-	1 PRODUKT -SONDERVORFÜHRUNG-		3			2 SERVICEWERBUNG -ANZEIGE-		
Do	4	1		4	2		4	1		3		
Fr	5	2	1	5	3		5	2		4	1	
Sa	6	3	2	6	4	1	6	3		5	2 -HAUSMESSE-	
So	7	4	3	7	5	2	7	4	1	6	3	1
Mo	8	5	4	8	6	3	8	5	2	7	4	2
Di	9	6	5	9	7	4	9	6	3	8	5 PROGRAMM -BELEGUNGSKARTE-	3
Mi	10	7 ANTENNE/SAT -ANZEIGE-	6 ANTENNE/SAT -ANZEIGE-	10 PROSPEKT -KOOPERATION-	8	5 FUSSBALL-BÜRGERMEISTER-SCHAFT-GEWINNSPIEL	10 SERVICEWERBUNG -ANZEIGE-	7 SERVICEWERBUNG -ANZEIGE-	4 SERVICEWERBUNG -ANZEIGE-	9 -GERÄTE-TEST-	6	4 PROSPEKT -KOOPERATION-
Do	11	8	7	11	9	6	11	8	5	10	7	5
Fr	12	9	8	12	10	7	12	9	6	11	8	6
Sa	13	10	9	13	11	8	13	10	7	12	9	7
So	14	11	10	14	12	9	14	11	8	13	10	8
Mo	15	12	11	15	13	10	15	12	9	14	11	9
Di	16	13	12	16	14	11	16	13	10 SPENDENAKTION	15	12	10
Mi	17 SERVICEWERBUNG -FLUGBLATT-	14	13	17 IMAGEWERBUNG -ANZEIGE-	15 SERVICEWERBUNG -ANZEIGE-	12 BLITZSCHUTZ -ANZEIGE-	17	14	11	16 ANTENNE/SAT -ANZEIGE-	13 IMAGEWERBUNG -ANZEIGE-	11 IMAGEWERBUNG -ANZEIGE-
Do	18	15	14	18	16	13	18	15	12	17	14	12
Fr	19	16	15 ÜBERGABE/FUSSBALL-DRESS	19	17	14	19	16	13	18	15	13
Sa	20	17	16	20	18	15	20	17	14	19	16	14
So	21	18	17	21	19	16	21	18	15	20	17	15
Mo	22	19	18	22	20	17	22	19	16	21	18	16
Di	23	20	19	23	21	18	23	20 AKTIONS -ANZEIGE-	17	22	19	17
Mi	24 SERVICEWERBUNG -ANZEIGE-	21 SERVICEWERBUNG -ANZEIGE-	20 SERVICEWERBUNG -ANZEIGE-	24 -HAUSZEITUNG-	22	19 FUSSBALL-BÜRGERMEISTER-SCHAFT-GEWINNSPIEL	24	21	18 ANTENNE/SAT -ANZEIGE-	23 -HAUSZEITUNG-	20 SERVICEWERBUNG -FLUGBLATT-	18 -WEIHNACHTSKARTEN
Do	25	22	21	25	23	20	25 AKTIONS -ANZEIGE-	22	19	24	21	19
Fr	26	23	22	26	24	21	26	23	20	25	22	20
Sa	27	24	23	27	25	22	27	24	21	26	23	21
So	28	25	24	28	26	23	28	25	22	27	24	22
Mo	29	26	25	29	27	24	29	26	23	28	25	23
Di	30	27	26	30	28	25	30	27	24	29	26	24
Mi	31	28	27		29 BLITZSCHUTZ -ANZEIGE-	26	31	28	25 SERVICEWERBUNG -FLUGBLATT-	30 IMAGEWERBUNG -ANZEIGE-	27 IMAGEWERBUNG -ANZEIGE-	25
Do		29	28		30	27		29	26	31	28	26
Fr			29		31	28		30	27		29	27
Sa			30			29		31	28		30	28
So			31			30 EM-GEWINNSPIEL-VERLOSUNG			29			29
Mo									30			30
Di												31

deutlich an. Einem Betrieb, der so professionell auftritt, schenkt der Kunde auch beim Service mehr Vertrauen.

Zusammenfassung zu Kapitel 3.4 und 3.5

6 Tage externe Schulung z.B. bei der Industrie und eine Stunde pro Woche intern.

Ein gut beschriftetes Service-Fahrzeug kann die gleiche Aufmerksamkeitswirkung erzielen wie Anzeigenwerbung, die DM 2.500,- pro Jahr kostet.

Kfz-Bezugsschein seiner Kooperation bringt Zusatz-Rabatt!

Mitarbeiter als Verkehrsrowdies machen alle Bemühungen zunichte.

Konzentration auf weniger Fabrikate im Verkauf erleichtert den Service.

Service-Werbung! Damit steht die Leistung und nicht der Preis im Vordergrund.

Je spezieller das Leistungsangebot des Betriebes, desto wichtiger ein Telefonbuch-Eintrag.

Referenzen: das überzeugendste Argument bei technischen Dienstleistungen.

3.6 Weitere Vorschläge : Wach sein und mehr Geld verdienen

Kooperationen und Spezialisierung – miteinander anstatt gegeneinander

Egon Strom sieht drei Möglichkeiten, wie er erfolgreich kooperieren könnte:

- Einkaufs- und Marketingkooperation seiner Branche,
- Kooperation mit Kollegen von ergänzenden Handwerkszweigen,
- Kooperationen innerhalb eines Gewerbeverbandes, seiner regionalen Werbegemeinschaft.

Diese Punkte sind alle unter dem Aspekt zu betrachten: **„Gemeinsam stärker".**
Der Grundgedanke der Kooperation beinhaltet die Überlegung, daß es in einem Verbund von Unternehmern immer Spezialisten für bestimmte Arbeitsbereiche gibt.
Das Engagement innerhalb einer örtlichen Werbegemeinschaft oder eines Gewerbeverbandes bringt dem Unternehmer neben laufender PR auch einen Informationsvorsprung. Die Werbegemeinschaften und Gewerbeverbände werden meist früher über Planungen und Entwicklungstendenzen informiert und können damit in Planungsverfahren eingreifen und an diesen mitwirken.
Nicht die einzelnen Betriebe eines Standortes stehen im Wettbewerb zueinander, sondern die verschiedenen Einkaufsorte buhlen um die Gunst des Kunden. Gewinner sind nur die Orte, in denen das Gewerbe Geschlossenheit zeigt und gemeinsam durch gezieltes Stadtmarketing nach außen auftritt.
Für eine Handwerker-Kooperation gilt:

> **Der Spezialist kann effektiver, kostengünstiger und qualitativ besser arbeiten als der Generalist.**

Vor diesem Hintergrund „delegiert" Egon Strom bestimmte Leistungen, die erbracht werden müssen, auf diejenigen Kollegen, die diese Leistungen effektiver und besser erbringen können.

> **Kooperation liegt im Interesse von Betrieb und Kunden.**

Egon Strom sucht Kooperationspartner aus verwandten Branchen und die Betriebe nach folgenden Kriterien aus:

- ähnliche Unternehmensgröße, dann stehen die Chancen für eine gleichberechtigte Partnerschaft gut
- Unternehmer in der gleichen Altersgruppe wie er, dann fällt die Kommunikation leichter
- Der Unternehmer ist aufgeschlossen, und Egon Strom denkt: mit dem könnte ich ein Gespräch führen. Er achtet darauf, nur mit den Betrieben zu kooperieren, bei denen er erwartet, daß der Unternehmer die gleiche Sprache spricht wie er.

Er entwirft den folgenden Brief:

An den Handwerksbetrieb
Firma ...
Herrn ... / Frau ...

Mehr Service = zufriedenere Kunden = mehr Erfolg
Zusammenarbeit von Handwerksbetrieben zum Nutzen unse-
rer Kunden

Sehr geehrte(r) ...,
Ihre und unsere Kunden sind anspruchsvoller geworden. Sie
mit Ihrem Handwerksbetrieb und auch ich mit meinem wol-
len den Kunden gute Qualität und auch einen guten Service
bieten.
Meine Idee: ein „Service-Konzept", bei dem mehrere
Handwerker unterschiedlicher Gewerke zusammenarbeiten.
Sie sind Inhaber eines Handwerksbetriebes, der von der
Größe und von der Angebotspalette recht gut zu unserem
„Service-Konzept" passen würde.
Die Idee, die hinter diesem Service-Konzept steht, möchte ich
- Ihr Interesse vorausgesetzt - in nächster Zeit einmal in aller
Ruhe mit Ihnen besprechen.
Ich werde mir erlauben, Sie in den nächsten Tagen anzuru-
fen und würde mich freuen, wenn Sie Interesse an einem
Gespräch hätten.

Mit freundlichen Grüßen

E. Strom Elektromeister

Anlage
Unser Firmenprospekt, damit Sie sich ein Bild von unserem
Betrieb machen können.

Da Egon Strom die Betriebe, die er anschreibt, sorgfältig ausge-
wählt hat, ist die Resonanz gut. Jeder zweite angeschriebene Betrieb ist zu einem Gespräch bereit. Er hat aber nur Erfolg, weil er
direct-mailing und Telefonmarketing kombiniert.

> **„Miteinander" und nicht „gegeneinander" steht im Zentrum einer Service-Kooperations-Strategie.**

Die Grundsätze vom Unternehmer in Zusammenhang mit seiner „Kooperations-Strategie" formuliert er wie folgt:

- Ich bin Mitglied in einer Einkaufs-Kooperation, die Dienstleistungen, Informationen und Waren liefert. Mein Vorteil daraus: Mein Verwaltungsaufwand reduziert sich, ich kann auf bereits vorliegende, bewährte Konzepte und Ideen zurückgreifen und meine Kooperation bietet mir auch die entsprechenden Fortbildungsveranstaltungen an.

- Ich will in der Öffentlichkeit aktiv sein und stelle mich als Vorstandsmitglied meiner örtlichen Werbegemeinschaft zur Verfügung. Mein Standort Elektrohausen steht im Wettbewerb mit anderen Standorten. Damit der Kunde zu uns nach Elektrohausen kommt (was allen örtlichen Betrieben nützt, wie auch mir) und nicht in einen anderen Ort fährt, müssen wir Gewerbebetriebe gemeinsam unseren Standort als attraktive Einkaufsstadt profilieren. Nicht die einzelnen Betriebe aus Elektrohausen stehen im Wettbewerb zueinander, sondern unsere Stadt gegenüber den Einkaufsorten im Umland.

- Bestimmte Spezialleistungen übernehme ich nicht selbst, sondern arbeite mit Kollegen, zum Teil auch aus der gleichen Branche, zusammen, die eine höhere Spezialisierung als unser Betrieb besitzen. Meine Vorteile daraus: die Kollegen arbeiten kostengünstiger, zum Festpreis, und garantieren mir vertraglich, Garantie- und Serviceleistungen zu übernehmen.

Ich weiß, daß es juristische Feinheiten in solchen Kooperationen zu beachten gilt. Wer aber nicht den ersten Schritt tut, wird auch keine Erfahrungen sammeln können.

Egon Strom erkennt:

> **Mein Kunde wünscht eine Leistung „aus einer Hand"; damit kann ich mich gegenüber anderen Wettbewerbern profilieren.**

Service-Kooperationen mit Branchen-Kollegen

Um vor dem Hintergrund zurückgehender Reparaturanfälligkeit der Geräte den eigenen Service auszulasten und damit auch die Arbeitsplätze der Mitarbeiter zu sichern, setzen manche Betriebe auf Kooperation.
Einige kleinere Radio-, Fernseh- und Elektrogeschäfte bieten den Installationskollegen die Übernahme von Serviceleistungen an.

Serviceleistungen für Kollegen anbieten.

Im Zuge eines Service-Paketes bietet der Betrieb:

- Abholung der Geräte beim Kollegen-Betrieb
- Durchführung der Reparatur und Rechnungsstellung auf dem Briefpapier des Kollegen
- Als Honorar werden pauschal 80 % des Rechnungsbetrages für den Service-Betrieb verrechnet.

Auch wenn vom Kollegen lediglich ein Gerät pro Woche zur Reparatur kommt, rechnet sich diese Idee allemal.
Viele Handelskollegen haben mit einem Anschreiben an die Kollegen der Installation, die über keine eigene Service-Werkstatt verfügen, schon große Erfolge erzielt.
Dieses Anschreiben kann wie folgt ganz einfach gestaltet werden.

Der richtige Weg, um mit diesem Konzept erfolgreich zu sein:

- Zuerst wird telefonisch der Ansprechpartner in der angeschriebenen Firma ermittelt.
- Der folgende Brief wird *persönlich* adressiert, mit persönlicher Anrede.
- Die telefonische Nachfaßaktion landet gezielt beim richtigen Ansprechpartner.

Karl Trommel, Inhaber eines RFS-Fachbetriebes stieß mit dem folgenden Brief auf ausgezeichnete Resonanz bei seinen Installationskollegen:

Von TV, HiFi, Video Karl Trommel

Firma
Elektroinstallation XY

Wir sind die Servicespezialisten und bieten Ihnen einen Rundum-Service an

Sehr geehrte(r)...,

unser Unternehmen verfügt über eine gut eingerichtete Service-Werkstatt der Braunen Ware. Unser Team verfügt über 2 Fernsehtechniker sowie den Inhaber unseres Betriebes. Wir reparieren sämtliche Geräte der Braunen Ware und bieten Ihnen folgende Spezial-Service-Leistung an:

- *Wir holen das Gerät entweder in Ihrem Betrieb oder beim Kunden direkt ab.*
- *Wir reparieren es und erstellen auf Ihrem Briefbogen gleich die Rechnung.*
- *Unsere Vorstellung: ein gewisser Prozentsatz der von Ihnen an die Kunden weitergegebenen Rechnungen verbleibt bei uns als Service-Pauschale.*

Ihr Nutzen: Sie bieten Ihren Kunden alles, was mit Strom zu tun hat, aus einer Hand, und in uns haben Sie einen schnell reagierenden und zuverlässigen Partner. Da die Rechnung auf Ihrem Briefbogen geschrieben ist, ist für den Kunden die Leistung von Ihrem Betrieb erbracht worden.
Ich werde mir erlauben, Sie die nächsten Tage noch einmal anzurufen. Gerne möchte ich mit Ihnen ein Gespräch führen und Ihnen unseren Betrieb vorstellen.

Mit freundlichen Grüßen

Unterschrift

> **Es ist selbstverständlich, daß spätestens 5 Tage nach Versand von direct-mailing-Aktionen die angeschriebene Person angerufen wird (Nachfaß-Aktion)!**

Für diese und alle direct-mailing-Aktionen gilt: Wenn hinterher telefoniert wird, ist die Aktion viermal so viel wert!
Karl Trommel, ein Radio-/FS-Techniker-Meister, hat einen eigenen 4seitigen Firmenprospekt erstellt, mit dem er seinen Betrieb vorstellt. Mit diesem Firmenprospekt ist für den Elektro-Installations-Kollegen schon auf den ersten Blick erkennbar, daß es sich hier um einen seriösen Betrieb handelt.

Zukunftsperspektive – auch ohne Laden

Im harten Wettbewerb bleibt auch einmal der Laden auf der Strecke. Einige Betriebe werden vielleicht nur als Servicebetriebe im Privathaus des Unternehmers überleben. Das kann aber im Einzelfall eine gute Lösung sein. Ein Fachbetrieb ohne Laden ist denkbar – ein kleines Geschäft ohne Service aber nicht.
Die Frage, ob in Zukunft mit oder ohne Laden gearbeitet werden soll, stellt sich heute immer mehr kleineren Betrieben.

> **Ein strategischer Schritt zur Existenzsicherung: Die Übernahme der Kunden eines Betriebes, der z. B. aus Altersgründen schließt.**

Mit dieser Maßnahme können die Kundenstämme von zwei alleine kaum existenzfähigen Betrieben zusammengefaßt werden.
Dann kann eine Einheit entstehen, die wettbewerbsfähig ist und auch rentabel arbeitet.
Am besten wissen die Außendienstmitarbeiter von Industrie und Großhandel darüber Bescheid, welche Kollegen ihren Betrieb aufgeben wollen. Ein Sondierungsgespräch kostet nichts. Sollte es

97

zum Kontakt mit einem Kollegen kommen, der „aussteigen" will, so bietet es sich an, folgende Schritte gemeinsam zu gehen:

- Der Betrieb, der aufgeben will, schreibt seinen Kunden ein Dankschreiben für die jahrelange Treue, verabschiedet sich mit dem Hinweis, daß die Betreuung in Zukunft durch einen bestimmten Kollegen erfolgen wird.
- Der Betrieb, der den Kundenstamm übernimmt, schreibt ebenfalls die Stammkunden an und lädt diese zu einem „Tag der offenen Tür" in sein Geschäft ein.

Der psychologische Hintergrund eines Unternehmers, der seinen Betrieb aufgibt:

- **Zunächst will er in der Öffentlichkeit gut „dastehen".** Das ist damit gewährleistet, daß er offen seinen Rückzug in einer Anzeige und einem Kundenbrief ankündigt.
- **Er will seine Kunden nicht im Sich lassen.** Dies erreicht er, indem er einen Betrieb benennt, der seine Stammkunden in Zukunft bestens betreuen wird.

Wenn nur DM 100.000.– Jahresumsatz auf diese Art beim Übernehmer verbleiben, hat sich die Aktion allemal rentiert.

Reparaturversicherung

Ein hervorragendes Instrument zur Stammkundenbindung, die dem Unternehmen nicht nur die Kunden im Service, sondern auch mehr Umsatz im Verkauf beschert.
Die Wertgarantie einer der führenden Anbieter in Deutschland bietet eine Reparaturversicherung. Der Kunde kann im Reparaturfall entscheiden, ob er reparieren läßt, oder den Neukauf-Zuschuß in Anspruch nimmt. Dies bedeutet für den Elektrobetrieb, daß er entweder Geräte in höheren Preisklassen verkaufen kann, oder den Kunden durch Service an sich bindet.

Der Vorteil dieser Reparaturversicherung ist auch, daß

- der Kunde zufrieden ist, weil er die Reparaturrechnung nicht selbst bezahlen muß und
- daß meist besser kalkuliert werden kann, insbesondere bei Fehlern, bei denen die Ursache nicht gleich gefunden wird.
- Auch der Verkauf profitiert, da der Kunde nicht abwandert, sondern meist dort kauft, wo er die Reparaturversicherung abgeschlossen hat.

> **Die Reparaturversicherung ist ein "Ansparvertrag". Mit dieser Aussage ist die Kundengewinnung viel einfacher.**

Die richtige Argumentation, um dem Kunden den Abschluß eines Vertrages schmackhaft zu machen, stellt nicht die "Versicherung" in den Vordergrund, sondern einen „Anspar-Vertrag". Der Kunde spart in diesem Vertrag für ein Neugerät und hat zusätzlich dazu alle zwischenzeitlich anfallenden Reparaturen versichert.

Keine Mark bei Garantie-Reparaturen verschenken

Es ist immer wieder zu beobachten, daß Betriebe tausende von Mark pro Jahr verschenken, weil ihnen der Aufwand zur Abrechnung von Garantie-Reparaturen mit der Industrie zu aufwendig ist.
Es gibt viele Möglichkeiten, defekte Geräte nicht nur für den Kunden kostenlos zu reparieren (das bringt Imagevorteile für den Betrieb), sondern auch noch die Kosten des Betriebes zu decken, indem die Industrie „zur Kasse gebeten wird". Nur müssen die Mitarbeiter auch über diese Möglichkeit Bescheid wissen und in der Garantie-Abrechnung geschult werden. In diesem wie in anderen Fällen bringt etwas Nachdenken viel mehr Geld als nur vor sich hinzuarbeiten.

24-Stunden-Service?

Die erste Frage: "Wer soll das übernehmen?

Die Lösung: Das „Kleingedruckte" unter dem 24-Stunden-Service lautet: „Innerhalb von 24 Stunden kommen wir zu Ihnen".

So läßt sich der Service sicherlich organisieren. In größeren Betrieben kann es den Mitarbeitern von Zeit zu Zeit zugemutet werden, über Funktelefon auch am Wochenende erreichbar zu sein (Anrufweiterschaltung).
Nicht jeder Kunde wird diesen Service nutzen – es ist für ihn aber ein gutes Gefühl, einen leistungsfähigen Betrieb als Partner zu haben, und mit dieser Werbung verschafft sich der Unternehmer einen Image-Vorteil gegenüber dem Wettbewerb.

Monitor-Reparatur-Service

Schon heute gibt es in manchen Haushalten mehr EDV-Monitore als Fernsehgeräte. Monitor-Reparatur-Service ist eine Leistung, für die ein großer Bedarf vorhanden ist.
Die Prognosen gehen davon aus, daß bis zum Jahr 2003 weit mehr als 50 % der Haushalte über einen eigenen PC verfügen. Der Fernsehtechniker ist aufgrund seiner Ausbildung in der Lage, die meisten technischen Probleme bei der Monitor-Reparatur zu lösen.

Die Schritte zu mehr Umsatz durch Monitor-Service

- Anschreiben an die Betriebe und Privathaushalte.
- Persönlichen Gesprächstermin vereinbaren.
- Pauschal-Angebot je nach Bildschirmgröße unterbreiten.

Die Erfahrungen von Kollegen, die auf diesem Feld tätig sind: der größte Anteil der Fehler sind in die Rubrik

- defekte Steckverbindungen oder ähnliches,
- oder kalte Lötstellen

einzuordnen. Für die Reparatur der restlichen Fehler bedarf es der Service-Unterlagen der Industrie, an die nicht jeder Betrieb herankommt.

Lösung: Mit Kollegen zusammenarbeiten, die EDV vertreiben (und damit Zugang zu den Service-Unterlagen haben), oder sich einem der speziellen Arbeitskreise „Monitor-Service" anschließen, die es bei bestimmten Fachhandels-Kooperationen oder in Kooperation mit dem Ersatzteil-Distributer ASWO gibt.

Spezielle Kreditkarte für Kunden

Diese ist für Verkauf und Service gleichermaßen einsetzbar.

Die Vorteile:

- Die Karte enthält in der Regel auch Anschrift und Tel.-Nr. des Fachbetriebes. Die Stammkunden-Beziehung wird gefestigt.
- Die Kartengesellschaften garantieren bis zu einem bestimmten Betrag. Probleme mit ausbleibenden Forderungen fallen weg.

Zustellservice ist unabdingbare Fachhandels-Leistung

Darüber läßt sich sicher streiten: Soll der Fachbetrieb in seinem Laden ausschließlich „Lieferpreise" angeben oder auch einen
- Abholpreis und einen
- Lieferpreis?

Ganz so extrem wie Egon Strom muß es der Fachbetrieb mit der Kundenorientierung nicht sehen.

Für ein zweigeteiltes Preis-Auszeichnungssystem im Laden spricht die größere Wettbewerbsfähigkeit gegenüber anderen Betriebformen. Jeder Betrieb wird seine eigene Strategie dazu fahren. Eines ist aber unbestritten: Die Lieferung der im Fachhandel gekauften Großgeräte gehört selbstverständlich zum Fachgeschäfts-Service.

Reparaturen von „Fremdfabrikaten"?

Es soll Betriebe geben, die nach dieser Devise verfahren: "Sie haben das Gerät nicht bei uns gekauft, also sehen Sie zu, wo sie jemanden finden, der das Gerät auch repariert"! Der beste Weg in die Pleite.

> **Die Reparatur von „Fremdfabrikaten" ist selbstverständlich eine notwendige Dienstleistung des Fachbetriebes.**

Wer glaubt, sich leisten zu können, die Reparatur von Fremdfabrikaten abzulehnen, ist entweder schon reich, oder er weiß noch nicht, daß er arm ist.

Reparaturen annehmen und zum Hersteller einschicken?

Der Radio-/FS-Techniker sieht sich zunehmend mit Digitaltechnik konfrontiert, die er meist nicht selbst reparieren kann.
Wir meinen:

● Der Fachbetrieb sollte diese Reparaturen annehmen, aber
● den eigenen Zeitaufwand mit den üblichen Stundensätzen den Service-Rechnungen der Industrie zuschlagen.

Der ältere, aktive Konsument: Stütze des Fachbetriebes

Gezielte Informationen der Fachbetriebe werden gerade von den älteren Kundengruppen gerne angenommen.
Dazu gehören:

● besonders bedienungsfreundliche Geräte, die auch ohne vorherigen Computerkurs genutzt werden können.
● spezielle Service-Angebote (nicht nur) für die ältere Generation, z. B. eine Garantie-Verlängerung für Elektrogeräte auf 3 oder 5 Jahre. Preis DM 250,– (das „rechnet" sich bei den meisten Fabrikaten leicht, wenn Sie sich nur einmal die geringen Fehlerquoten der Geräte anschauen).

Die individuelle Garantieverlängerung „rechnet" sich.

Betriebe, die diese Dienstleistung anbieten, gehen wie folgt vor:

● Den Kunden wird das Angebot gemacht, die gesetzliche Garantie von 6 Monaten auf z.B. 3 Jahre zu verlängern.

● Die Kosten für diese Leistung werden auf DM 250.– einmalig festgelegt und gleich beim Geräte-Verkauf kassiert. Der Kunde erhält ein eigene „Garantie-Urkunde" des Fachgeschäftes. Für Kunden, die ihr Gerät finanzieren, kann dieser Betrag in die Finanzierungssumme eingerechnet werden. Die Argumentation: „ ... mit nur DM 8.– pro Monat (beispielsweise) brauchen Sie keine Sorgen vor unliebsamen Überraschungen zu haben."
● Bei einer Ausfallquote von wenigen Prozent im Garantie-Zeitraum ist das ein gutes Geschäft für Betrieb und Kunden.

Hol- und Bring-Service für ältere Kunden

Nicht nur im Altenwohnheim wird es sich schnell herumsprechen, wenn Sie für Ihre älteren Kunden einen Hol- und Bring-Service organisieren. Keine Angst: die ältere Generation wird diese Dienstleistung kaum ausnutzen, um nur zum Batteriekaufen zu fahren. Wenn der Kunde im Laden ist und direkt mit der präsentierten Ware konfrontiert wird, kann sich schnell ein erfolgversprechendes Verkaufsgespräch entwickeln.

Gemeinschaftswerkstatt?

Diese Werkstätten können erfolgreich arbeiten, wenn sie sich auf Spezialleistungen, z. B. Camcorder- oder CD-Player-Reparaturen konzentrieren.
Bei vielen Gemeinschaftswerkstätten scheitert es an der Tatsache, daß die Beteiligten die einfachen Fehler selbst reparieren und die Gemeinschaftswerkstatt dann nur noch mit extrem kniffeligen Problemfällen konfrontiert wird. Wenn das passiert, schreibt die Gemeinschaftswerkstatt schnell „rote Zahlen" und das Vorhaben ist „gestorben".

> **Zwei Betriebe teilen sich einen Service-Techniker oder -Monteur – das kann sich für beide bestens rechnen.**

Wenn sich zwei Betriebe einen Techniker teilen, muß auch der Mitarbeiter „mitspielen".

Abgesehen von den arbeitsrechtlichen Problemen und der Frage, ob der Techniker „mitspielt", wäre dies eine Möglichkeit, um zwei kleine unrentable Werkstätten wieder in die Gewinnzone zu bringen.

Service für Hersteller übernehmen

Wenn Sie so eine Chance haben, heißt es meist „zuschlagen". Abgesehen von der Menge der Reparaturen, die erst einmal kalkuliert werden müssen, werden Sie durch die erlernte hohe Spezialisierung bald sehr schnell reparieren und erzielen eine relativ gleichmäßige Auslastung.
Die Industrie will vor allem einen zuverlässigen und leistungsfähigen Partner. Solange die Kunden zufrieden sind, und wenn alles wie am Schnürchen läuft, können Sie den Beitrag für Ihre Zukunft leisten. Bei Ihren Kollegen wird es sich schnell herumsprechen, daß Sie bei einem speziellen Fabrikat der Spezialist sind und können von dort oft zusätzliche Aufträge erhalten.

Industrie-Service bringt oft die bessere Kalkulation

Elektro-Installationsbetriebe, die einmal erfolgreich und zuverlässig für einen Industriebetrieb als „Hauselektriker" gearbeitet haben, sollen auf diesem Vertrauen aufbauen und einen Bereitschaftsdienst anbieten.

105

Der Trend, in der Industrie externe Dienstleistungen bei Bedarf zuzukaufen, bietet dem Fachbetrieb ein neues Betätigungsfeld, wenn die notwendigen Grundvoraussetzungen im Betrieb gegeben sind:

● Der Betrieb muß einen schnellen Service im Schadensfall sicherstellen; die Folge:

● der Industriebetrieb ist meist gerne bereit, dafür Stundensätze von deutlich über DM 80,– zu zahlen.

Spezialisierung auf bestimmte Industrieprodukte, ggf. in Kooperation mit Herstellern, ist ein weiterer Weg, um mehr Rendite und eine bessere Auslastung zu sichern.

Denken Sie auch daran: Viele Betriebe können sich aus Kostengründen ihre hauseigenen Dienstleistungen nicht mehr leisten. Diesen Betrieben können Sie Ihre Leistung anbieten, die aber nur dann bezahlt werden muß, wenn sie in Anspruch genommen wird.

Diese Beispiele zielen auf eine Spezialisierung ab. Der „Wald-und-Wiesen-Betrieb" wird sich immer schwerer tun, je größer sein Wettbewerb ist. Wer von jedem etwas anbietet, hat viele Konkurrenten, auch aus der Schwarzarbeiter-Szene. Für den, der technische Kompetenz beweist, ist der Markt offen; er hat weniger Konkurrenten, und damit ist der Kalkulationsspielraum größer.

Hier einige Beispiele aus unserer Beratungspraxis, wie Spezialisierungen von ehemaligen „einfachen" Handwerkern aussehen. Es handelt sich bei allen diesen Beispielen um wirtschaftlich sehr erfolgreiche Betriebe.

● Für einen namhaften international tätigen Elektrogeräte-Hersteller werden Bügeleisen zum Pauschalpreis von DM 40,– repariert. Rechnet sich nicht? Rechnet sich schon! Die Ersatzteile werden vom Hersteller gestellt. Ein wacher Techniker repariert 5 Geräte in der Stunde.

● Ein Elektro-Installationsbetrieb hat sich in Steuerungstechnik spezialisiert und repariert Industrie-Maschinen weltweit. Zwei Techniker sind im Durchschnitt immer auf Achse, einer in Rufbereitschaft. Für diese Mitarbeiter erzielt der Betrieb einen Jahreserlös von weit über 0,5 Mio DM. Die Mitarbeiter kommen auf einen Jahres-Bruttolohn von über DM 80.000,-. Weder Reisekosten noch Ersatzteile sind vom Betrieb zu bezahlen.

- In der Sicherungstechnik von Gefängnissen gibt es in den Hochsicherheitsbereichen spezielle elektronische Überwachungs systeme. Unser Kunde hat in Deutschland nur drei Wettbewerber, die wiederum über den Hersteller der Technik kooperieren.

- Die Elektronik von Ölheizungen ist ein Feld, das von den Fachbetrieben der Branche Heizung/Sanitär nur mit spitzen Fingern angefaßt wird. Wer in diesem Bereich „fit" ist, kann auch einen Notdienst aufbauen, mit dem in Kooperation mit der Heizungsbranche gutes Geld verdient werden kann.

- Diebstahlüberwachung ist für Tankstellen, die 24 Stunden geöffnet haben, zwangsläufig notwendig. Wer sich mit einem Mineralölkonzern zusammentut und mit offiziellem Segen des Konzerns die Dienstleistung anbietet, hat sich einen breiten Kundenstamm gesichert.

- Ein Radio/Fernsehtechniker hat sich auf die Wartung von Überwachungs-Kameras in Kernkraftwerken spezialisiert.

- Wettbüros verfügen über ein eigenes Satelliten-Kommunikationssystem. Der Kollege, der sich in dieses Thema eingearbeitet hat, braucht heute nicht mehr Lotterie zu spielen, sein Geschäft ist eine „sichere Bank".

- Wer die Chance erhält, sollte für die Industrie in allen Bereichen die Service-Station übernehmen, wie ein Kollege, der zum Festpreis von DM 70,– (ohne Material) CD-Player repariert.

- Nachdem ein Radio/Fernsehtechniker die Übermacht des Großmarktes am eigenen Leib gespürt hat, führt er jetzt als selbständiger Unternehmer die Reparaturabteilung für diesen Markt. Vielleicht ahnen Sie, daß er nicht weniger Geld verdient, als früher mit seinem eigenen Ladengeschäft.

- In der Medizintechnik steigt der Anteil der Apparatemedizin zunehmend. Ein Betrieb hat sich auf die Reparatur von Röntgengeräten spezialisiert und hat in diesem Bereich vom Hersteller einen Gebietsschutz, der ihm die Beschäftigung von 2 Technikern sichert.

107

- Verkabelung von Groß-Computeranlagen. Der Betrieb, der sich in dieses Betätigungsfeld eingearbeitet hat, kann seine Mitarbeiter mit höheren Stundensätzen verkaufen und braucht seine Installationskollegen nicht mehr zu fürchten. Schon nach 10 Installationen kann der Betrieb einen Service-Techniker für die laufenden Dienstleistungen finanzieren.
- In der Kommunikationstechnik ist „callBack" ein neues Betätigungsfeld. Ein Kollege bietet international tätigen Firmen diese Dienstleistung an. Die Betriebe sparen monatlich tausende von Mark an Telefonkosten; der Betrieb erzielt nach nur 2 Monaten Akquisition einen monatlichen Provisionserlös von über DM 3.000,–.

Die Liste ließe sich beliebig weiterführen. Alle diese Unternehmer haben eines gemeinsam: Sie haben irgendwann angefangen, die eingefahrenen Gleise zu verlassen, sind auch ins Risiko gegangen und vor allem: sie haben einfach mit anderen Personen in neuen Bereichen ein Gespräch gesucht und sich damit auseinandergesetzt, was diese Kunden brauchen könnten.

> **Kundenorientierung bedeutet, sich in die Probleme des Kunden hineinzuversetzen.**

Das ist viel einfacher, als Sie glauben. Fragen Sie sich doch einmal, wie Sie selbst als Kunde behandelt werden wollen. Wenn Sie sich das Ziel gesetzt haben, eine neue Kundenorientierung in Ihrem Betrieb einzuführen, dann steht das Ziel und das Wollen am Anfang eines erfolgreichen Weges.

> **Denken Sie eine Stunde pro Woche über Ihre Ziele nach, und Sie haben mehr für Ihre Zukunft getan, als eine Woche zu arbeiten.**
>
> **Wer sich selbst Ziele gesetzt hat, wir auch die Energie aufbringen, diese Ziele zu erreichen.**

Wer jedoch immer im „eigenen Saft schmort", wird neue Chancen weder erkennen, noch diese in die Tat umsetzen (können). Nicht nur im Elektrohandwerk kranken viel zu viele Betriebe daran, daß sie sehr viel Routine entwickelt haben zu jammern, daß sie aber nie gelernt haben ihre Energie zukunftsorientiert einzusetzen. Wer seine eingetretenen Pfade nicht verläßt, ist nicht reif für die Herausforderungen der Zukunft. Die Energie, sich diesen Herausforderungen zu stellen, das wünschen Ihnen die Autoren dieses Buches von ganzem Herzen.

Bevor Sie aber jetzt schon an ein Schlußwort denken, wollen wir Ihnen weitere Ideen und Vorschläge liefern, wie Sie mit Ihrem Geschäft mehr Ertrag im Service erzielen können.

Namensschilder und Visitenkarten: ein Ausdruck persönlichen Stils

Motivation für die Mitarbeiter und keine anonyme Kundenberatung, sondern ein persönlicher Stil sind die Argumente, die für den Einsatz dieser Marketing-Instrumente sprechen.

Ludwig Ampère ist stolz auf „seine" Visitenkarte

Leihfernseher kostenlos

Sofern GEMA- und Rundfunkgebühren gezahlt sind, ist es durchaus empfehlenswert, mit dieser Dienstleistung zu werben. Der kluge Fachbetrieb stellt dem Kunden aber kein 36-cm- Schwarzweiß-Leihgerät zur Verfügung, sondern ein hochwertiges, modernes Vorführgerät. Damit läßt sich vielleicht der eine oder andere Spontankauf stimulieren.

Informations- und Beratungs-Service

Mit Hilfe der folgenden Dienstleistungen lassen sich Kundenbindungen an den Betrieb festigen und/oder Neukunden werben:

● Produktdemonstration über Multimedia-Terminal. Der Kunde kann sich anhand einer einfachen Bedienerführung im Geschäft am Computer über verschiedene Geräte informieren, die er auch im Bild und mit der Produktinformation versehen, betrachten kann. Kooperationen, wie z. B. EP, bieten ihren Mitgliedern bestens funktionierende Systeme an – sogar ein Farbausdruck mit den Spezifikationen des Gerätes ist möglich.
● Gerätevorführung in der Wohnung des Kunden. Im Beratungsgespräch, insbesondere bei Hi-End-Anlagen wird dem Kunden angeboten, vor der Kaufentscheidung das Gerät in seiner Wohnung vorzuführen.
● Bündelfunk-Beratung (z. B. Mobilfunk-Einsatzmöglichkeiten für Handel und Gewerbe). Hier, wie in fast allen Produktbereichen, gilt: Nur die Vorführung der Produkte wird den Kunden überzeugen.
● Schutz-/Sicherheits-Beratung (z. B. Alarmanlagen für Privatwohnung oder Betrieb).

Als Anlaß einer direct-mailing-Aktion ist ein aktueller Zeitungsbericht über Einbrüche am Ort oft sehr hilfreich. Die VDS-Zulassung für Errichter von Sicherheitstechnik im gewerblichen Bereich ist heute die Voraussetzung, um ins Geschäft zu kommen.

Inspektion von Satelliten-Empfangsanlagen

Wenn der Kunde diese Dienstleistung in Anspruch nimmt, ergibt sich für den Servicemitarbeiter meist die Gelegenheit, vor Ort ein Verkaufsgespräch zu führen (Dienstleistung als Türöffner!). Der Einstieg beim Kunden ist in diesem wie auch in anderen Fällen ein Anschreiben, das, sofern eine aussagefähige Kundenkartei vorhanden ist, ganz gezielt eingesetzt werden kann.

> **Je spezieller ein direct-mailing, desto größer der Erfolg.**

Betriebe, die ihren Kunden nach dem Motto schreiben: „Uns gibt's auch noch...", brauchen sich nicht zu wundern, wenn die Resonanz „gleich null" ist.

Wer jedoch alle Waschmaschinen-Kunden eines ganz bestimmten Fabrikates anschreibt, welches vor x Jahren gekauft wurde und eine Eintausch-Aktion zu einem bestimmten Preis anbietet, wird sich wundern, wie gut die Kunden auf eine solche Aktion reagieren. Selbstverständlich muß etwa fünf Tage nach Versand des Schreibens ein Telefonanruf beim Kunden nachgeschaltet werden.

Weitere Aktionen, mit denen Kollegen gute Erfolge verbuchen konnten:

- Antennen-Anschluß-Diagnose zum Preis von DM 15,-. So eine Aktion wird schließlich nicht im Weihnachtsgeschäft, sondern in der „Saure-Gurken-Zeit" angeboten. Hauptsache, man kommt beim Kunden wieder ins Gespräch.
- Entstaubung von Fernsehgeräten mit dem Hinweis auf die Vermeidung von Brandgefahr und als werterhaltende Maßnahme (... Ihr Auto reinigen Sie ja auch regelmäßig ...).
- Dolby-Surround-Vorführung – auf Wunsch auch beim Kunden.
- Videorecorder-Reinigung (aber diesen Service bietet heute schon jeder, oder?)
- Kunden eines bestimmten Fabrikates eines 4 Jahre alten Fernsehgerätes werden angeschrieben, daß jetzt vom gleichen

111

Hersteller ein 100-Hz-Gerät auf dem Markt ist. Eine „Geräte-Tausch-Aktion" wird angeboten: auch hier wieder mit einem ganz konkreten Produkt zu seinem ganz konkreten Preis.

- Die Preise für Inzahlungnahmen richten sich nach der „Tax-Liste" des Franzis-Verlages.
- Energie-Verbrauchs-Diagnose im Haushalt. Über die Zusammenstellung der Energieverbraucher und konkrete Angebote, welche Geräte umweltfreundlicher und energiesparender sind, wird der Bedarf auch für den Verkauf von neuen Produkten geweckt.

Besonderer Werkstatt-Service

Folgende Dienstleistungen weisen deutliche Zuwachsraten auf und können Auslastung und Ertrag im Service verbessern:

- Einbau von Mobilfunk- und Navigationsgeräten,
- Montage und Wartung von Video-Überwachungs- und Alarmanlagen,
- Online-Wartungsdienst für gewerbliche Kunden,
- langfristige Wartungsverträge z. B. in der Sicherheitstechnik oder für Immobilienverwaltungen.

Der E-CHECK: ein Marketing-Instrument erster Güte.

Der E-CHECK ist nicht nur ein Prüfsiegel, sondern für den Kunden auch die Gewähr, daß Elektrogeräte und -Anlagen nach den Vorschriften der VDE geprüft sind.

Die Durchführung der VDE-Prüfung ist vorgeschrieben, und sie ist dem Fachbetrieb aus Haftungsgründen auch dringend zu empfehlen. Wer klug ist, wird keine Reparatur oder Wartung ohne die VDE-Prüfung durchführen und sie auch verrechnen.

In dem folgenden Beispiel unterstellen wir die Verrechnung der VDE-Prüfung für DM 15,– je Prüfvorgang und 250 Arbeitstage pro Jahr.

Erträge durch Verrechnung der VDE-Prüfung (250 Arbeitstage)	Mehrerlös pro Jahr
eine VDE-Prüfung **pro Tag** (mehr) verrechnet	3.750,00
zwei VDE-Prüfungen **pro Tag** (mehr) verrechnet	7.500,00
drei VDE-Prüfungen **pro Tag** (mehr) verrechnet	11.250,00
vier VDE-Prüfungen **pro Tag** (mehr) verrechnet	15.000,00
fünf VDE-Prüfungen **pro Tag** (mehr) verrechnet	18.750,00

An alle Betriebe, die bisher diese vorgeschriebene Prüfung nicht verrechnet haben: „dämmerts?" Die Argumentation, „die VDE-Prüfung ist vorgeschrieben" (was richtig ist), bewirkt, daß nicht ein Kunde diesen Rechnungsposten weiter hinterfragt – so die Erfahrung der Betriebe, die damit arbeiten.

Die Verrechnung der VDE-Prüfung ist aus haftungsrechtlichen Gründen dringend zu empfehlen. Sollte ein Schaden am Gerät des Kunden entstehen, ist die Rechnung oft das einzige Beweismittel, mit dem der Betrieb belegen kann, daß er seine Arbeit vorschriftsmäßig durchgeführt hat.

Der E-CHECK ist von allen Fachgruppen und Innungsmitgliedern des Elektrohandwerks einsetzbar.

Der E-CHECK Service-Aufkleber kann nur von Innungs-Fachbetrieben eingesetzt werden.

Die Einsatzbereiche des E-CHECK-Aufklebers:

- Geräte-Rückwand, und zwar über die Gehäuse-Schraube geklebt, damit „Pfusch" gleich erkannt wird;
- Fernbedienung;
- Schalt- und Sicherungskästen etc.

Wenn der Kunde den Service-Aufkleber sieht, weiß er gleich, in welcher Firma er anrufen muß. Damit sichert sich der Betrieb seine Stammkunden. Nach jeder vom Betrieb durchgeführten Reparatur und Dienstleistung muß der Service bzw. E-CHECK-Aufkleber angebracht werden.

Mit den folgenden Prüf-Unterlagen und -Protokollen dokumentiert der Fachbetrieb professionell seine Leistung:

- Übergabebericht und Prüfprotokoll,
- Prüfprotokoll für instandgesetzte elektrische Geräte,
- Prüfprotokoll für elektrische Anlagen.

Diese Protokolle sind zu beziehen über die Landesinnungsverbände, die WFE GmbH, beim ZVEH in Frankfurt oder über den Richard Pflaum Verlag, München, Tel.: 0 89 - 1 26 07 - 2 96. Die Unterlagen können nur von Innungsmitgliedern bezogen werden.

Das „Rundum-Sorglos-Paket"

Privat- und Gewerbekunden gleichermaßen wünschen die Betreuung „aus einer Hand". Im Elektrobereich kennen wir das Stichwort der „Gebäudetechnik". Dahinter steckt nichts anderes als die Erbringung unterschiedlicher Dienstleistungen für einen Kunden aus einer Hand. Ein erster Schritt hin zu so einem Dienstleistungs-Paket könnte es sein, dem Privatkunden nicht nur die Reparatur der Elektrogeräte anzubieten, sondern alle Dienstleistungen in Zusammenhang mit seiner Sicherheit.

Sicherheit

- der E-CHECK,
- Blitzschutz-Technik,
- Reparatur-Kosten-Versicherung,
- Home-Security usw.

114

und natürlich das gute Gefühl, jederzeit einen Ansprechpartner zu haben, wenn es um die Reparatur von Elektrogeräten und Geräten der Unterhaltungselektronik geht.
Bei gewerblichen Kunden:

- die Sicherheitsprüfung nach VDE-Vorschrift (E-CHECK),
- Monitor-Reparatur-Service,
- 24-Stunden Service bei Reparatur von Elektroanlagen,
- Instandsetzungs-Eildienst für Gewerbekunden und viele Leistungen mehr.

Denken Sie Daran: Geschäfte werden beim Kunden und nicht am grünen Tisch gemacht.
Wir können ihnen nur empfehlen, das Gespräch mit Ihren Kunden zu suchen, deren Bedürfnisse zu ermitteln – dann werden Sie vielleicht auf Dienstleistungs-Angebote kommen, die Ihnen bisher noch nicht bewußt waren. Warten Sie aber nicht zu lange. Sie wissen: Nicht die Großen fressen die Kleinen, sondern die Schnellen die Langsamen. In diesem Sinne...

Auf der Folgeseite haben wir zusammengestellt, wie der Betrieb Fehler vermeiden und mit Service-Leistungen ein besseres Geschäft machen kann. Machen Sie es Egon Strom einfach nach.

Der Service-Fehler-Teufel

Egon Stroms Fehler	So wäre es richtig
Bei der Ersatzteil-Kalkulation wird nach gleichen Sätzen wie im Laden kalkuliert, also viel zu niedrig.	Ersatzteil-Kalkulation, so wie im Abschnitt 2.3 dieses Buches, bringt Kostendeckung und mehrere Tausend Mark höheren Gewinn.
Service-Leistungen werden erbracht, oft aber vergessen oder nicht verrechnet, da es häufig "Kleinigkeiten" waren. Der Grund: Weder Egon Strom noch seine Service-Mitarbeiter wußten, ob im Service Gewinne oder Verluste gemacht werden.	Jede Leistung wird erfaßt und auch verrechnet. In Einzelfällen gibt´s zwar nach wie vor Kulanz, aber nicht mehr so häufig wie bisher. Wieder ein paar Tausend Mark pro Jahr.
Die VDE-Prüfung wurde meist gemacht, aber nie verrechnet und auch nie in der Rechnung aufgeführt.	Jetzt ist Egon Strom konsequent, um sich selbst zu schützen, die Sicherheit des Kunden zu gewährleisten und Gewinne zu erwirtschaften. Mindestens DM 15,- pro Rechnung Mehrertrag. da er die VDE-Prüfung vornimmt und verrechnet.
Garantie-Reparaturen wurden zwar durchgeführt, wegen der "komplizierten" Industrie-Abrechnung aber liegengelassen und dann vergessen.	Von den betroffenen Industrie-Vertretern lassen sich Egon Strom und seine Mitarbeiter das Abrechnungs-System erklären und rechnen jede Garantie-Leistung ab. Pro Monat einige hundert Mark Mehrerlös.
Die Rechnungen wurden oft lange nach der Reparatur erstellt - Leistungen wurden vergessen, es wurde zu wenig verrechnet. Je später der Betrieb die Rechnung stellt, um so länger lassen sich die Kunden mit der Bezahlung Zeit.	Sofortige Rechnungsstellung. Alle Leistungen werden erfaßt. In der Fernsehwerkstatt hilft die EDV. Der Techniker erstellt die Rechnung selbst und kassiert sofort bei Auslieferung der Geräte.
Das Werkstatt-Telefon war nicht immer besetzt. Mitarbeiter vom Verkauf bittet Kunden später anzurufen - damit werden Kunden verärgert und wandern ab.	Jeder Mitarbeiter kann einen Service-Auftrag annehmen. Außerhalb der Geschäftszeiten wird ein Anrufbeantworter eingesetzt. Da die Fa. Strom immer für den Kunden erreichbar ist, zwei Aufträge mehr pro Woche.
Bei den Verrechnungssätzen wird nach dem Prinzip "Daumen mal pi" vorgegangen. Für gleiche Leistungen wurden verschiedene Kosten verrechnet.	Die Ermittlung des kostendeckenden Stundensatzes ist die Grundlage der Leistungsverrechnung. Jede Leistung hat einen bestimmten Preis - für jeden Kunden den gleichen. Und der wird konsequent verrechnet.

Unter dem Strich: DM 20.000,– Mehrgewinn sind keine Kunst!

Zusammenfassung zu Kap. 3.6

Der Spezialist kann effektiver, kostengünstiger und qualitativ besser arbeiten als der Generalist.

Kooperation liegt im Interesse von Betrieb und Kunden.

„Miteinander" und nicht „gegeneinander" steht im Zentrum einer Service-Kooperations-Strategie.

Mein Kunde wünscht eine Leistung „aus einer Hand" und damit kann ich mich gegenüber anderen Wettbewerbern profilieren.

Serviceleistungen für Kollegen in Werbebriefen anbieten.

Es ist selbstverständlich, daß spätestens 5 Tage nach Versand von direct-mailing-Aktionen die angeschriebene Person telefonisch kontaktiert wird!

Ein strategischer Schritt zur Existenzsicherung: die Übernahme der Kunden eines Betriebes, der z. B. aus Altersgründen des Inhabers schließt.

Die Reparaturversicherung ist ein „Ansparvertrag". Mit dieser Aussage ist die Kundengewinnung viel einfacher.

Die Reparatur von „Fremdfabrikaten" ist selbstverständlich eine notwendige Dienstleistung des Fachbetriebes.

Die individuelle Garantieverlängerung „rechnet" sich.

Zwei Betriebe teilen sich einen Service-Techniker oder -Monteur: das kann sich für beide bestens rechnen.

Kundenorientierung bedeutet, sich in die Probleme des Kunden hineinzuversetzen.

Denken Sie eine Stunde pro Woche über Ihre Ziele nach, und Sie haben mehr für Ihre Zukunft getan als eine Woche zu arbeiten.

Wer sich selbst Ziele gesetzt hat, wir auch die Energie aufbringen, diese Ziele zu erreichen.

Je spezieller ein direct-mailing, desto größer der Erfolg.

Der E-CHECK: ein Marketing-Instrument erster Güte.

Erfolgskontrolle 4

4.1 Betriebswirtschaftliche Erfolgskontrolle

Wie bereits an früherer Stelle erwähnt, ist die Überwachung der betriebswirtschaftlichen Ziele im Service eine Aufgabe, die der Unternehmer mit seinen leitenden Service-Mitarbeitern gemeinsam durchführen soll.
Mitarbeiter, die ihre betriebswirtschaftlichen Ziele kennen, werden rechtzeitig kreativ sein, um eventuellen Fehlentwicklungen gegenzusteuern. Diese Kreativität der Mitarbeiter kann aber nur dann gefördert werden, wenn die Mitarbeiter in die Hintergründe eingeweiht werden.

Wir erinnern uns:

Beide Service-Abteilungen von Egon Strom zusammengenommen leisten einen Verlust-Beitrag von DM 60.000,- jedes Jahr[1]. Obwohl Egon Strom in seinem Betrieb sehr sparsam ist und bei Personalkosten und Verwaltungskosten unter den Branchen-Richtwerten liegt, macht er „gewaltige" Verluste.
Egon Strom stellt seine Maßnahmen zusammen, die er durchführen will, um mit Service ein besseres Geschäft zu machen:

---

1) Siehe Kapitel 2.4

119

Egon Strom ergreift folgende Maßnahmen zur Renditesteigerung Stufe I	Zusätzlicher Gewinnbeitrag	
	Fernseh-Werkstatt	Weißware-Service
Mit der richtigen Kalkulation der Ersatzteile steigt der durchschnittliche Aufschlag, bisher durchschnittlich 1,35 auf jetzt 1,5. Daraus folgt ein Mehr-Umsatz und Mehr-Ertrag:	3.961	4.790
Durch Anhebung der Stundensätze von bisher DM 63,- auf DM 70,- sind bei 1000 verrechneten Arbeitsstunden zusätzlich zu verdienen:	7.000	7.000
Leistungen, die bisher verschenkt oder vergessen wurden, werden jetzt konsequent verrechnet (5 % vom bisherigen Umsatz):	4.070	4.097
Bisher wurde in den seltensten Fällen die VDE-Prüfung verrechnet. Jetzt aber 350 x DM 15.– bzw. 300 x DM 15.–	5.250	4.500
Eine Garantie-Reparatur pro Woche à DM 70.– wurde füher verschenkt, da die Abrechnung „zu kompliziert" war.	3.500	3.500
Durch die Umstellung von Zeitverrechnung auf AW´s können pro Tag 3,5 AW´s à DM 7,- mehr verrechnet werden. Ergibt bei nur 220 Arbeitstagen:	5.390	
Durch sofortige Rechnungstellung und konsequente Verrechnung aller Leistungen Zusatzerlös im Weißware-Service, 2,5 AW´s à DM 7,- pro Tag:		3.850
Egon Strom und seine Mitarbeiter bieten den Kunden eine Reparatur-Versicherung an. Zwei abgerechnete Reparaturen pro Monat erbringen DM 100,- Mehrerlös, ganz zu schweigen von der Vermittlungsprovision beim Abschluß:	1.200	1.200
Durch Sofort-Inkasso reduzieren sich die Ausfälle und die Zinskosten:	1.500	1.500
Durch Einsatz eines Anrufbeantworters ein Auftrag mehr pro Monat à DM 200,-:	2.400	2.400
Mehrertrag bis hierher	34.871	33.437

Zugegeben, Egon Strom hat alle möglichen Fehler auf einmal gemacht – dennoch wird aus dieser Aufstellung deutlich: Wenn der Leser nur eine der Maßnahmen von Egon Strom umsetzt, dann hat sich der Kauf dieses Buches mindestens hundertmal bezahlt gemacht.

Für Egon Strom gilt dies auf jeden Fall, wie der folgende Rendite-Vergleich „früher" und „heute" zeigt.

Egon Strom macht jetzt ein besseres Geschäft in DM netto	*Fernsehwerkstatt*		*Weißware-Service*	
	heute	*früher*	*heute*	*früher*
Umsatz	113.831	81.407	112.897	81.930
./. Wareneinsatz	27.500	26.407	33.000	31.930
= Rohertrag	86.331	55.000	79.897	50.000
in %	75,8%	67,5%	70,8%	61,0%
./. Kosten	85.000	90.000	70.000	75.000
Ergebnis	*1.331*	*-35.000*	*9.897*	*-25.000*

Beide Service-Abteilungen arbeiten jetzt kostendeckend – aber es schlummern bei Elektro Strom noch weitere Reserven:

> **Kostenersparnis und Renditeverbesserungen durch bessere Organisation im Betrieb und beim Kunden.**

- effektivere Tourenplanung bei Service-Fahrten,
- verbesserte Personal-Organisation (weniger Überstunden),
- effektivere innerbetriebliche Ablauf-Organisation,
- höhere Personalmotivation und -leistung durch stärkere Identifikation mit dem Unternehmen.
- Die Kalkulation der Ersatzteile in der Fernsehwerkstatt ist nach wie vor noch zu steigern (Rohertrag lediglich 75,8 %); über 80 % sind möglich.

- Steigerung des Umsatzes durch gezielte Service-Werbung, Übernahme Industrie-Service, Monitor-Reparaturen oder ähnliches sind nicht berücksichtigt.
- Ebenfalls nicht berücksichtigt sind neue Kunden durch Service-Übernahmen von Kollegen, Kooperationen oder das Angebot von Spezialleistungen.
- Die stärkere Bindung der Stammkunden durch Kundenbefragung, Zufriedenheits-Anruf und weitere Aktivitäten bedeuten zusätzliche Chancen, mehr Gewinn zu erzielen.

Mit seinen Mehrerlösen im Service ist Egon Strom höchst zufrieden.

Die Tabelle zeigt, daß mehr Gewinn im Service möglich ist, ohne den Kundenstamm auszuweiten und ohne die Mitarbeiter zu überlasten. Im Gegenteil: durch rationelleres Arbeiten im Unternehmen haben die Service-Mitarbeiter von Egon Strom jetzt viel weniger Streß, und es passieren weniger Fehler als früher.

4.2 Kundenbefragung

Vertrauen ist gut – Kontrolle kann besser sein. Während sich manche Unternehmer auch heute noch als der Wachhund der eigenen Mitarbeiter verstehen, hat sich die Personalführung im Fachbetrieb grundlegend gewandelt.

> **„Der Kunde ist mein Chef!"**

Beim folgenden Vorschlag erfolgt die Kontrolle der Mitarbeiter durch den Kunden, nicht durch den Chef! (Nebenbei: der Chef der Mitarbeiter ist letztendlich der Kunde, der mehr über den Arbeitsplatz des Mitarbeiters bestimmt, als der Unternehmer).

Egon Strom stellt sich der Meinung seiner Kunden

Egon Strom muß nicht von Tür zu Tür laufen, um seine Kunden zu befragen. Es gibt einfachere Methoden. Eine sehr kostengünstige Möglichkeit der Kundenbefragung ist: Jeder Kunde erhält mit der Service-Rechnung einen Fragebogen. Durch die Befragung wird seine Zufriedenheit mit Elektro Strom ermittelt.

Kundenbefragung: Mehr wissen, um besser zu werden.

Die Vorteile für den Betrieb sind:

- Der Kunde erkennt, daß sich das Unternehmen wirklich um ihn kümmert und seine Meinung erfahren will, und
- die Service-Mitarbeiter wissen, daß die Umfrage durchgeführt wird und werden sich besonders anstrengen, damit die abgefragten Kriterien positiv bewertet werden.

Auf der Folgeseite ist ein Muster-Fragebogen abgedruckt, der in dieser Form eingesetzt werden kann.
Dieser Fragebogen wird dem Kunden nach der Reparatur gemeinsam mit einem Freikuvert übergeben bzw. der Rechnung beigelegt. Die Rückläufe dieser Fragebogen liegen erfahrungsgemäß bei 8 – 15 %, in Einzelfällen auch bis zu 40 %. Meist ist es nachvollziehbar, von welchem Kunden der Fragebogen ausgefüllt wurde. Bei positiver, aber auch bei kritischer Resonanz durch den Kunden soll der Vorgesetzte schnell das Gespräch mit seinem Mitarbeiter suchen.

> **Reklamationen: Die Erfolgs- und Fehler-Analyse muß zeitnah erfolgen.**

Wenn sich ein Kunde beschwert und wenn er ein besonderes Lob ausdrückt: in beiden Fällen spricht Egon Strom sofort mit seinen Leuten. Er weiß, daß seine Leute aus der Analyse von besonders erfolgreich abgewickelten Aufträgen mehr lernen, als aus ständiger Kritik.

> **Erwische Deine Mitarbeiter, wenn sie etwas gut machen!**

In diesem Analysegespräch werden die Ursachen untersucht, **warum der Kunde besonders zufrieden war.**

> **Kundenbefragung: Die Mitarbeiter müssen wissen, daß die Kunden nach ihrer Zufriedenheit gefragt werden.**

Fragebogen für den Leser: Setzen Sie diesen Fragebogen ein; die Kosten sind minimal.

Sehr geehrte Kunden,
um künftig noch besser auf Sie und Ihre Wünsche eingehen zu können,
möchten wir Sie bitten, die nachfolgenden Fragen – übrigens völlig anonym
– zu beantworten und in dem Freikuvert (Porto zahlt Empfänger) an uns zu-
rückzusenden.
Bitte beantworten Sie die Fragen indem Sie jeweils eine Zahl ankreuzen.

Die Bewertung reicht von 1 = trifft voll und ganz zu bis 6 = trifft gar nicht zu.

- Wurde Ihr Auftrag schnell und pünktlich ausgeführt?

1	2	3	4	5	6

- Wie waren Sie mit der Qualität der ausgeführten Arbeit zufrieden?

1	2	3	4	5	6

- Verhielten sich unsere Mitarbeiter korrekt?

1	2	3	4	5	6

- Wie verhielten sich unsere Mitarbeiter in pun kto Höflichkeit/Auftreten?

1	2	3	4	5	6

- Wurden Sie nach Abschluß der Arbeit ausreichend informiert?

1	2	3	4	5	6

- Ist der Rechnungsbetrag gerechtfertigt zur ausgeführten Arbeit?

1	2	3	4	5	6

- Ist die Rechnung aussagefähig?

1	2	3	4	5	6

- Waren Sie mit der Beratung in unseren Verkaufsräumen zufrieden?

1	2	3	4	5	6

- Waren Sie mit einem unserer Mitarbeiter besonders zufrieden? Wenn ja, schreiben Sie bitte den Namen des Mitarbeiters auf:

_____
(Namen eintragen)

- Waren Sie mit einem unserer Mitarbeiter weniger zufrieden? Wenn ja, schreiben Sie bitte den Namen dieses Mitarbeiters auf:

_____
(Namen eintragen)

- Worauf legen Sie in unserem Geschäftsbereich besonderen Wert?

_____
_____

(Ihre Meinung bitte eintragen)

- Welche Anregungen und Verbesserungsvorschläge haben Sie für uns?

_____
_____

(Ihre Vorschläge bitte eintragen)

Für die Beantwortung der Fragen bedanken wir uns im voraus.
Ihr
Elektro-Fachbetrieb.

Diesen Fragebogen darf Egon Strom nur dann versenden, wenn er seine Mitarbeiter vorher informiert hat. Wenn die Mitarbeiter von dieser Aktion überrascht werden, kann der Schuß leicht nach hinten losgehen. Dies hätte dann eine gravierende Verschlechterung des Betriebsklimas zur Folge.

4.3 Der Kunden-Zufriedenheits-Anruf

Egon Strom, aber auch sein Abteilungsleiter, reservieren sich *eine Stunde pro Woche* um Kunden anzurufen, ob nach der Reparatur bzw. nach dem durchgeführten Auftrag alles in Ordnung sei.
Im folgenden Beispiel müßte die Mitarbeiterin nur die Frage stellen: „*Wie* sind Sie zufrieden...", dann wäre die Kundenbetreuung optimal.

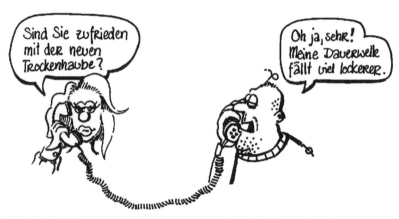

Der Kunden-Zufriedenheits-Anruf, eine besondere Form des Telefon-Marketings.

Die Mitarbeiter kennen den Kunden-Zufriedenheits-Anruf und strengen sich damit besonders an. Sein Telefonmarketing setzt Egon Strom so ein:

Handwerksbereich – Installation und Industrie-Service:
Der Kunde wird wenige Tage nach Abschluß des Auftrags noch
einmal angesprochen.

● „**Wie** waren Sie mit der Auftragsabwicklung zufrieden?"
● „**Was** können wir noch für Sie tun?"

Handelsbereich – nach Auslieferung von Neugeräten:

● „Wie hat die Anlieferung, Aufstellung und Einweisung ge-
klappt? Funktioniert alles nach Wunsch?"
● „Was können wir noch für Sie tun?"

Handelsbereich – 4 Wochen vor Ablauf der Garantiezeit bei Groß-
geräten:

● „Sie haben bei uns ein Gerät gekauft. Die Garantiezeit läuft in
4 Wochen ab. Wenn es etwas zu reparieren gibt ... – jetzt ist
es noch kostenlos!"
● „Ist sonst alles in Ordnung, oder können wir etwas für Sie
tun?“

> **Für Egon Strom ist der Kunden-Zufriedenheits-Anruf ein
> günstiges Instrument der Marktforschung. So hat er sein
> Ohr immer beim Kunden.**

Weitere Vorteile, die er mit diesem Marketing-Instrument erzielt:

● Die Stammkundenbindung wird verbessert.
● Über Reklamationen spricht der Kunde mit dem Betrieb und
nicht in der Öffentlichkeit. Probleme werden sofort abgestellt,
der gute Ruf des Betriebes gefestigt.
● Aus jedem 10. Anruf ergibt sich ein Zusatzgeschäft.
● Er weiß als Ergänzung zur Kundenbefragung, wie seine Mitarbeiter beim Kunden ankommen und nutzt diese Information
zur Mitarbeiter-Führung.
● V.I.P.-Kunden ruft Egon Strom persönlich an und erzielt dadurch eindeutige Image-Vorteile.

4.4 Übergabe-Protokoll

Um einen Kunden optimal zu bedienen und um ungerechtfertigte Reklamationen zu vermeiden, erstellt Egon Strom ein Übergabe-Protokoll.
Es wird von seinen Mitarbeitern bei allen Kleinaufträgen verwendet und muß vom Mitarbeiter und vom Kunden unterschrieben werden; der Durchschlag verbleibt beim Kunden, Original beim Unternehmen.

> **Übergabe-Protokoll: Sicherheit für den Kunden und den Betrieb.**

ÜBERGABE-PROTOKOLL	GERÄT/ANLAGE: _____

KUNDE: _____ _____ _____
NAME   STRASSE/ORT   TELEFON

Was wurde gemacht? _____

☐ Arbeit ordentlich erledigt   ☐ technische Einweisung ist erfolgt

☐ Funktionsprüfung in Gegenwart des Kunden erfolgt   ☐ Arbeitsplatz sauber verlassen

☐ E-Check-Aufkleber angebracht   ☐ Prüfung nach VDE-Vorschrift erfolgt

DATUM _____

strom ELEKTRO-MEISTERBETRIEB

UNTERSCHRIFT ELEKTRO STROM   UNTERSCHRIFT KUNDE

Sollte es zum Streit mit dem Kunden kommen, ist dieses Übergabe-Protokoll ein wichtiges Beweismittel, das dem Betrieb viel Geld und Ärger ersparen kann.

Weitere Formulare für das Elektrohandwerk sind zu beziehen über den Pflaum-Verlag, München, Tel.: 089/12607 – 296.

4.5 Das Reklamationsbuch

Egon Strom ist selbst ein kritischer Kunde geworden. Wenn er Geld in eine Sache oder Leistung investiert, nimmt er sich das Recht, einwandfreie Qualität zu erwarten – zurecht!

„Paßt" die Qualität nicht, dann übt er sachliche Kritik. Er stellt jedoch immer wieder fest, daß seine Kritik alles andere als willkommen ist. Manchmal wird der Fehler geleugnet, der Kunde als unglaubwürdig hingestellt, oder es wird abgewiegelt : „ ...was Sie da sagen, das kann nicht sein..." (damit wird ganz nebenbei der Kunde als Lügner hingestellt); „...da bin ich nicht zuständig, rufen Sie doch morgen nochmal an..." (so eine Aussage könnte auch interpretiert werden mit „laß mich in Ruhe, mir ist dein Problem ganz egal"); „... Sie sind der erste, der sich beschwert ...".

So eine Verhaltensweise verjagt die Kunden. Wer aber aktiv auf Fehler zugeht, wird auch Erfolgserlebnisse haben. Man muß sich nur trauen, zu seinen Fehlern zu stehen und auch einmal „Entschuldigung" sagen und den Fehler dann zur Zufriedenheit des Kunden beheben.

> **Nicht die Tatsache, daß Fehler passieren, ist entscheidend, sondern wie man damit umgeht.**

Wo Menschen arbeiten, passieren Fehler – das ist menschlich. Auch bei Egon Strom läuft manchmal etwas schief.

Bei Reklamationen: cool bleiben und nach den Ursachen forschen.

Reklamationsbearbeitung bedeutet auch Ursachenforschung. Es reicht nicht aus, nur die Auswirkung zu beheben. Viel wichtiger ist es, nach den Gründen zu forschen, warum Fehler passiert sind. Erst wenn die Ursachen erkannt sind, können die Gründe für die Reklamation behoben werden.

> **Beim richtigen Umgang mit Reklamationen kann aus einer Beschwerde ein positiver Kundenkontakt entstehen.**

Egon Strom hat, um seinen Mitarbeitern die Chance zu geben, aus Fehlern zu lernen, das Reklamationsbuch in seiner Firma eingeführt. Die Ursachen, die zu Fehlern führen, werden mit den betroffenen Mitarbeitern besprochen.

So sieht Egon Stroms Reklamationsbuch aus:

Datum	Kunde / Beschreibung der Reklamation	Wirkliche Ursache für die Reklamation	Und das haben wir getan:
Montag, 11.05.	Alfons Mecker: der gestern gelieferte Fernseher funktioniert nicht. Alfons ist stocksauer.	Gerät war ausgeschaltet (ohne Stand-by-Betrieb), Alfons fand den Knopf zum Einschalten nicht.	Alle, die Neugeräte-Auslieferungen machen, bekommen eine Checkliste für die Kundeneinweisung.
		Erklärung bei Geräteauslieferung war nicht ausreichend	Alle Bedienungsschritte muß der Kunde selbst machen. Anschließend unterschreibt der Kunde „Einweisungsformblatt".
13.05.	Hilma Hirni wartet seit gestern auf jemanden, der die Waschmaschine repariert.	Anruf Hilma Hirni war auf Anrufbeantworter am Samstag und wurde erst Montag Mittag abgehört.	Anrufbeantworter wird jetzt immer von S. Wechsel abgehört, das steht ab sofort auch in ihrer Stellenbeschreibung

Das Reklamationsbuch ist allen Mitarbeitern zugänglich, und auch Aushilfen und Azubis schreiben „ihre" Reklamation in das Buch. In der wöchentlichen Mitarbeiter-Besprechung werden alle von den Mitarbeitern eingetragenen Themen angesprochen.

Egon Strom verwendet dieses Reklamationsbuch als Schulungsgrundlage für seine Mitarbeiter, denn nichts ist einfacher, als aus den bereits gemachten Fehlern der anderen zu lernen.

Zusammenfassung von Kapitel 4

Kostenersparnis und Renditeverbesserungen durch bessere Organisation im Betrieb und beim Kunden.

„Der Kunde ist mein Chef!"

Reklamationen: Die Erfolgs- und Fehler-Analyse muß zeitnah erfolgen.

Erwische Deine Mitarbeiter, wenn sie etwas gut machen!

Kundenbefragung: Die Mitarbeiter müssen wissen, daß die Kunden nach ihrer Zufriedenheit gefragt werden.

Für Egon Strom ist der Kunden-Zufriedenheits-Anruf ein günstiges Instrument der Marktforschung. So hat er sein Ohr immer beim Kunden.

Nicht die Tatsache, daß Fehler passieren, ist entscheidend, sondern wie man damit umgeht.

Beim richtigen Umgang mit Reklamationen kann aus einer Beschwerde ein positiver Kundenkontakt entstehen.

Schlußwort

5

> **Der Kunde ist unser Kapital! Kundenorientiertes Denken ist überlebensnotwendig!**

Für viele Betriebe der Branche bedeutet dies jedoch radikales Umdenken. Nicht alle Unternehmer werden in der Lage sein, in ihrer Firma den Service-Gedanken umzusetzen.
Wenn es aber gelingt, eine neue Service-Qualität im Unternehmen zu installieren, wird sich auch der gewünschte wirtschaftliche Erfolg einstellen.
Am Anfang steht der Wille, Dienstleister zu sein, danach die Erkenntnis, welche Gewinne oder Verluste im Service derzeit erzielt werden. Wenn der Unternehmer dann bereit ist, etwas zum Positiven zu ändern, sind die richtige Kalkulation und gezielte Vermarktung der Service-Leistung gleichermaßen entscheidend.

> **Auf den Kunden zugehen: Wer diesen Weg geht, macht garantiert mit Service ein gutes Geschäft.**

Wer diesen Weg geht, wird mit Service nicht nur gute Geschäfte machen, sondern auch einen Stamm an zufriedenen Kunden aufbauen können. Zufriedene Kunden sind die Voraussetzung für die sichere Zukunft des Betriebes.

Zufriedene Kunden – sichere Zukunft des Betriebes.

Uns interessiert ihre Meinung, lieber Leser. Wenn Sie Fragen oder eigene Errfahrungen zum Thema „Service" haben, so schreiben Sie uns bitte. Wir sind an Ihrer Meinung interessiert – unser Fachbuch lebt durch und mit der Praxis.

Wenn wir Ihre Tips in einer der folgenden Auflagen veröffentlichen, dann erhalten Sie ein „Dankeschön" von uns. Außerdem wird in diesem Fall Ihr Name in der neuen Auflage genannt.

Schreiben Sie uns!

Heckner & Partner
Bergstr. 11
84556 Kastl

Wir wünschen Ihnen viel Erfolg mit Ihrer Serviceabteilung!

Die Autoren

Ulrich C. Heckner / Frank Stelzer

Sachregister

IHRE MEINUNG IST GEFRAGT

Wir hoffen, daß Ihnen das Buch "Guter Service - ein besseres Geschäft" gefallen hat
und hoffen auch, daß Sie mit dem Inhalt zufrieden sind:
Sagen Sie uns bitte Ihre Meinung.

Bitte machen Sie in jeder Zeile ein
Kreuz ✗

Bitte kopieren und an die angegebene Nummer faxen. Danke!

	trifft voll und ganz zu	trifft weit- gehend zu	trifft weniger zu	trifft gar nicht zu
Dieses Buch ist praxisorientiert geschrieben	◯	◯	◯	◯
Die Checklisten sind für den Einsatz im Betrieb geeignet	◯	◯	◯	◯
Das Buch ist in einer verständlichen Sprache geschrieben	◯	◯	◯	◯
Ich habe neue Anregungen erhalten	◯	◯	◯	◯
Die Zeichnungen passen gut zum Thema	◯	◯	◯	◯
Das Buch kann man weiterempfehlen	◯	◯	◯	◯

IHRE MEINUNG ODER ANREGUNG ZUM BUCH, BITTE EINTRAGEN:

....

....

....

....

• Danke für das Ausfüllen •

BITTE PER FAX AN DEN PFLAUM VERLAG, BUCHVERTRIEB • 0 89 / 1 26 07 - 2 00

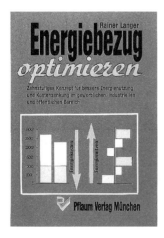